高校历史课程教学策略研究

贺慧霞 著

吉林人民出版社

图书在版编目（CIP）数据

高校历史课程教学策略研究/贺慧霞著. --长春：
吉林人民出版社，2024.5. --ISBN 978-7-206-21065-5

Ⅰ. K-42

中国国家版本馆 CIP 数据核字第 2024LR1430 号

高校历史课程教学策略研究

GAOXIAO LISHI KECHENG JIAOXUE CELÜE YANJIU

著　　者：贺慧霞

责任编辑：金　鑫

出版发行：吉林人民出版社（长春市人民大街 7548 号 邮政编码：130022）

印　　刷：吉林省海德堡印务有限公司

开　　本：787mm×1092mm　　　1/16

印　　张：9.5　　　　　　字　　数：127 千字

标准书号：ISBN 978-7-206-21065-5

版　　次：2024 年 5 月第 1 版　　印　　次：2025 年 1 月第 1 次印刷

定　　价：68.00 元

前　言

　　历史教育资源具有丰富性、生动性等特点，历史教育工作者不仅要能赏析历史教育资源，还要具备发现教材背后的历史教育资源的能力。同时还要求历史教育工作者在教学方法上进行多方面创新，利用影像、图片、科学研究成果、问题动态等方式展开教学，并充分运用这些资源，由此培养学生的分析能力、动手能力等，使之达到培养学生思维的历史教学目标。

　　近些年来，随着国家教育制度的不断改革和创新，高校历史课程教学的方法和模式也在随之进行着有效的革新。在教学时，高校历史课程教学工作者要针对不同学生的特点和具体情况进行教学创新，只有这样，才能跟上时代的进步和满足社会发展的需求，培养出有内涵、有底蕴的卓越人才。基于此，本书立足于我国高校历史课程教学实践，以提升高校历史课堂教学的有效性为主要目标，对高校历史课程教学策略进行了全面研究。希望本书能够对之后高校历史课程教学的发展有所帮助。

　　笔者在撰写本书的过程中，借鉴了许多前人的研究成果，在此表示衷心的感谢。由于高校历史课程教学策略研究涉及的范畴比较广，需要探索的层面比较深，笔者在撰写的过程中难免会存在一定的不足，对一些相关问题的研究也有一定的局限性，恳请同行以及广大读者斧正。

目录

第一章　高校历史课程教学概述

第一节　历史课程教学的学科含义

一、历史教学论的学科地位

对于历史教育理论研究来说，需要解决的基本问题包括"教什么""怎样教""怎样学"和"持什么观念去教"等，因此，需要分别对历史课程论、历史教学论、历史学习论和史学理论等进行有侧重点的相应研究。但是，这些理论学说相互之间不是割裂的，而是有着密切的联系，谈及历史教学论的学科地位就必须涉及这些理论研究的相关问题。

（一）对历史教学论的基本认识

从世界范围看，历史教学论不是一门孤立发展的学科。历史教学论的发展有赖于多种理论研究的进展：第一，它是随着教育心理学的研究以及教育学的分支——教学论研究的不断发展而形成的；第二，它的发展必须借力于历史课程论，尤其是历史教育价值研究的深入；第三，它的进展需要仰仗于历史教师专业的长足发展以及对历史教师专业评价的进步；第四，它的发展必须以历史学的研究及其前沿成就为根基；第五，它的提升离不开史学理论的争鸣和研究的推进。

历史教学论不是一门纯理论学科。作为一个相对独立的理论体系，它必须兼顾"怎样有效地教"和"怎样有效地学"的问题。它既要研究教学的一般规律，又要有针对性地研究历史课程教与学的特殊规律，同时它还应密切关注历史教学实践，探讨用教学的一般规律和历史教学的特殊规律去指导教学的方法、策略和技术的形成。也就是说，历史教学论既要坚持历史学科教学理论的研究，又要在理论成果的指导下开展应用研究，以解决历史教学实践中某些带有普遍性的问题。但必须明确的是，历史教学论的应用研究并不是要给一线教师开出一个具体的教学处方，而是要为教师的教学实践提供有益的启示和学科教学理论的支撑。

在我国，历史教学论是在历史教学法的基础上发展起来的，起步较晚。因中国古代教育有"文史不分家"的传统，只有"治史"之法而没有专门的历史教学法。

我国历史教学论的发展与国外不同，世界范围内的学科教学论是在通用教学论的基础上发展起来的，而我国历史教学论的前身则是历史教学法。与历史教学法相比，历史教学论有许多根本性的变化。从教学的视角而言，历史教学法主要是从历史教学大纲或学科书的角度来理解教学的，而历史教学论则需要从课程和学习的角度来研究历史教学。历史教学法虽然也在寻求教学方法的理论依据，但更多情况下是在教学经验和感悟中积累教学的技术和技巧，因此传统的历史教学法强调历史知识的传授，追求按统一的历史专业体系培养学生，较少论及学生的个性特征和全面发展。而历史教学论则以现代各种理论成果为基础，寻求在科学的指导下实施有效教学，并逐步在历史教学的深入研究中完善自身的理论体系。

（二）教学论对历史教学论的影响

教学论是教育学科中一门独立的分支学科。从世界教育学的领域看，教育学是处于上位的学科，教学论是处于中位的学科，作为学科教学论之一的历史教学论是处于下位的学科。纵观世界教育的发展，历史教学论经历了在教育学的母体内从孕育到诞生的历程。

《大教学论》是 17 世纪捷克著名教育家夸美纽斯的代表作，也是西方教育史上第一部含有系统教学理论的教育专著。夸美纽斯提出"泛智论"，主张教学必须顺应自然的过程，并在这个思想基础上提出不少教学原则，同时奠定了班级教学的理论基础。到了 20 世纪 50 年代，由于社会生产力和科学技术的飞速发展，出现了世界性的教育改革浪潮，随之出现了许多新的教学论主张。这些教学理论都具有这样的共同特点，即探索新的教学过程的结构，尤其重视教学内容的革新，以适应现代科学技术迅速发展的新局面和对科学技术人才的需求。现代教学论研究的另一重要特点是与生理学、心理学、脑科学的研究更加紧密。系统论、信息论、控制论等理论的出现，又为研究教学论提供了新的科学方法。众多的理论认识，对我国目前的历史教学论发展产生了不容忽视的影响。

以往，国外学者对于教学论研究对象的认识并不一致，基本处于两个极端。一端是以教学方法、技术、策略为研究对象，另一端是以教学一般规律为研究对象。前者有着明显的技术倾向，后者有着明显的学术倾向，不同的研究倾向导致各方对教学论在学科性质认识上的长期分野。我们现在看到数量庞大、风格迥异的欧美教学翻译作品，如教学模式、教学策略、教学设计等，就是前一倾向理论升华后的成果。

从形成独立学科的角度看，我国教学论起步较晚。对于教学论的学科性质和研究对象的新认识，引发了相关学者对于历史教学论进一步发展的思考。其一，教学论这一处于中位的学科，没有具体专业学科为依托，对教学应用的研究是有较大难度的，其中借用的某些学科教学的个案，在其他学科中应用会受到该学科特殊性的排斥。因此，处于下位的各门学科教学论的发展，有可能反过来促进通用教学论研究的进步。其二，教学论研究的是教学的一般规律，但历史教学论不能仅仅研究教学的一般规律，还要对历史教学的特殊规律进行深入的研究，因为开展历史教学实践研究的许多素材就存在于历史教学的特征之中，尤其是历史教学的特殊规律与历史学习关系甚为密切，这不仅关系到教学技术，而且涉及历史学习理论的研究。其三，各学科的研究理论对学科教学影响重大，例如，史学理论对于持什么观念去教历史就有指导意义。

（三）历史教学论与历史课程论的关系

历史教学论与历史课程论之间关系的确定，在较大程度上受到教学论、课程论二者地位的影响。虽然，课程论成为一个独立专门的研究领域发轫于 20 世纪初，但西方学者在教学论与课程论二者地位的判定上一直众说纷纭。有人认为，课程论是个广域的母系统，而教学论是其子系统。也有人认为，课程与教学是不可分割的整体。还有人指出，尽管课程与教学有时是结合在一起的，但各自有着不同的特点，是两个同等重要的具有独立性的教育领域。同时还有人干脆断定，教学论与课程论是并列在教育学中的下位理论。

我国主流观点认为，历史教学论和历史课程论，都是从属于历史教育学的平行分支，有各自的研究对象。二者相互独立，但又具有一定的交叉。通常，人们将历史教学论的研究对象界定为历史教学活动的总和。那么，什么是历史教学活动呢？为了形成对历史教学论的完整认识，我们需要进一步认清历史教学活动的含义。

1. 教学活动的含义

不少历史教师对"历史教学活动"的看法，基本上是出于对字义的直观解释，即将其分为"历史"和"教学活动"两部分。按照这样的认识，历史教学指的就是"教历史"与"学历史"二者的结合。换言之，就是在历史课堂中的"教"与"学"活动的总和。

随着学校的产生，教学活动专门作为学校的独立活动，有别于在社会生活和生产劳动过程中的培训活动。以教学为主，是学校同工、农、商等部门的根本区别，没有教学就没有学校。以教学为主，也是由学生在学校学习的间接经验为主的特征决定的。历史的过去性特征，凸显了历史知识的间接性。历史教学被认为是学生掌握间接性的历史知识的捷径。但是，不同层次的历史教学，其教学活动具有不同的要求。结合教学概念的动态发展过程，我们完全可以认为历史教学活动所涵盖的范围也不是一成不变的。

如今多数的研究者都主张，教学是教师的教和学生的学所组成的一种人类特有的人才培养活动。如此看来，教学首先包含了教师和学生二者的交互关系。其次，作为人类特有的人才培养活动，也应在一定的环境与条件中进行，还应具有一定的技术含量、成果创造以及对质量和效益的追求。此外，作为教学活动，必然存在着特定的过程和环节，其中也隐含着人的思想情感。当然，这就不再是简单的"教"与"学"两部分了。一般认为，历史教学活动是历史课程实施和历史课程学习的有机结合。为进一步说明这个观点，有必要通过分析历史教学内容体系来获得更全面的认识。

2. 历史教学的内容体系

在学校的历史课堂上，教师教的是什么，学生学的是什么呢？有部分教师认为历史课"教"的就是历史教材。更有人直观地认为，不论是教师教的，还是学生学的，都是历史。至今，有不少人仍然坚持这样的观点。随着时代的发展，历史教学本身发生了巨大的变化。其中，最值得人们关注的是教学内容的变化，这一变化是随着历史课程的发展而出现的。

什么是历史课程呢？有人将课程的定义直接引申到对历史课程的理解之中，认为"历史课程"是指历史学科和历史教学活动的总和，包括历史教学计划、历史教材、历史教学活动等。根据这一认识，人们看到的只是历史学科知识体系的物质性教学形式，实际上并不是历史课程的全貌。

历史课程虽然表现为课程标准的文本形式，但它是要予以贯彻实施的，并不是一个僵化的文本，而且必须通过师生的教学活动展现其灵动性。历史学并不等同于历史课程，二者分别有不同的系统。历史学的系统中包括了三个基本部分：一是历史的本相，这是历史学研究一直在努力追求的真理；也包括了前人留下来的各种史料和历史遗存，这是探求历史本相的证据；二是目前人们认知的相对真理，某些公认的历史定论、既定的历史概念和归纳的历史发展规律；三是历史的假说和相关推论，包括了在研究中运用的各种理论方法。这三个部分都以历史教学内容的形态纳入历史课程的系统内，但不是整体的，而是被有选择地纳入。在历史课程系统内，包括了被课程专家精选的史学知识，还包括了学习方法、课程资源以及培养公民基本素质的各种养分。课程是一个提供学校开展教育的专门系统，历史课程是其中的一个子系统。历史课程以课程标准的文本形式为教学计划的编制、历史教材的编写、历史教学活动的开展和学生的培养提供了一个基本的依据。因此，我们不应把历史课程与历史学、历史教材等同。

二、历史课程教学的本质

作为一种社会活动，教育是要将人类所发现和创造的知识与技能进行传递与再创造，其实质是进行知识的接力与人才的培养。对于个人来说，通过教育可以实现自身更好的发展，进而更好地融入社会生活。社会是由人这一主要群体构成的，其发展主要是由人的活动来推进，这就需要对社会中的"人"进行人文教育，而历史学正是人文教育的重要组成部分。历史承载着先人无数的智慧与经验，其中蕴含众多的人文知识。历史学涉及的领域众多，包含科学、政治、军事、经济、文化等，是一个五彩缤纷的世界。文字记载中的历史只是人类过去存在的一个缩影，历史教学不仅仅是为了让学生知道历史发生的事情，更是为了培养学生的求真意识和唯物历史观，探究历史发展的规律，从而更好地为人类和自身发展服务。人类活动创造了历史，它无法通过任何形式进行复制，具有唯一性，这也要求学生在学历史时进行换位思考，综合分析当时的社会情况，以当时的社会环境为背景来分析历史。这样既能开阔自身视野，又能从深层次挖掘历史价值，从而不断丰富自身精神世界，提高人文修养。历史教学中要准确把握学生的思想特点，运用不同的教学手段和工具创设丰富的历史教学环境，引导学生形成正确的历史观。

三、历史课程教学的理念

教学理念是教师进行教学活动的方向和指引，可以反映出教师对待教学活动的态度，折射出教师自身的教学信念。教学理念应当根据社会环境进行更新，保持和时代的步伐同步，向更积极的方向发展。对于历史教学来说，首先，教师应当具有丰富的史学知识，能够多角度、立体式地对历史事件和人物进行分析，从根本上解释历史事件发生的原因，让学生听得懂、学得透；其次，教师还应当具有理论联系实际的能力，能够从历史的角度分析、思考当今的社会问题，向学生传达正确的价值观，避免学生只会学不会用；最后，历史中含有丰富的情感教学资料，教师应当充分挖掘历史中的文化、情感等精神素材，充实历史教学内容，为学生树立正确的爱国意识，引导学生积极践行社会主义核心价值观。

四、历史课程教学的原则

（一）启发与生动性原则

历史教学不是单纯地浏览历史故事，了解历史人物，而是为了让学生树立历史发展的意识，提高自身解决问题的能力，这就要求在历史教学中需要对学生进行教学启发。启发就是指教师在历史教学中要引导学生主动探寻历史发展的规律，积极地用历史意识解决自身遇到的问题，进而提升自身综合能力。在启发性教学环境中，教师担任的不是知识的灌输者，而是问题的提出者，办法的引导者。在教学过程中，教师应当提出针对性的问题，引导学生积极进行思考和回答，营造一个畅所欲言的课堂气氛，培养学生主动参与的意识。在启发性课堂上，学生能够多角度地思考历史问题，发散自己的思维，逐渐地能够自己提出对历史问题的看法。例如，在近代史教学中，通过启发性教学，学生带着问题学习历史能够更好地理解中国人民选择中国共产党的原因，更深刻地理解中华民族伟大复兴的历史渊源。启发性原则要求教师在教学过程中积极地引导学生进行历史问题的讨论，最大化地倡导言论自由。学生在反复的争与不争中能够不断地增加自身知识储备，强化历史意识，逐渐形成科学的思维方法。

历史是一个复杂精彩的世界，历史教学不应是对枯燥的文字记载的讲解，而是对生动的过往世界的描绘，这就要求历史教学应当生动而富有吸引力。历史中不乏有趣的事件和人物，教师应当充分展现中国语言的魅力，运用生动的语言展现当时的历史情况，同时还可以利用多媒体手段丰富历史教学的内容。生动性原则要求教师在历史教学中应当丰富自己的表达形式，引导学生体会历史人物在所处历史环境下的心理状态。对于不同历史阶段的教学，教师可以使用不同的教学形式。例如，古代史教学中，教师可以组织学生前往历史遗迹或历史博物馆，加深对历史知识的了解；在近代史教学中，教师不但可以组织学生瞻仰革命遗址，还可以增加更多真实的影视资料，展现当时的历史环境。生动性原则主要就是为了引起学生对历史学习的兴趣，提升学生主动学习历史的动力，展现民族力量的强大。学生在生动的历史教学中能够更深刻地感悟历史变迁的规律，体会当前社会稳定的不易，树立坚定的爱国意识。生动的历史教学还可以展现强大的民族精神，树立学生的国家安全意识。

（二）实事求是原则

历史是已经过去的事实，无法改变，存在于过去的时间里，给人启迪。对于历史教学来说，应当以历史事实为依据，紧握史实资料，忠于史实，这也是历史教学忠于真理的态度。对于历史的学习，不仅仅是知晓历史事件和故事，更重要的是在历史学习中可以丰富个人的思维，寻找人类、民族和个人的发展规律。只有通过真实的历史，才能在历史这本饱含民族智慧的、富含民族经验的教科书中汲取营养，这也是一种"求是"的精神。对历史进行评价时，要秉持辩证的态度，从不同的角度看待历史事件和人物，这就要求教师在教学时不能局限于个人的思维习惯。带有个人情绪的历史评价，必然会导致评价的片面性。忠于史实、解放思想就是对历史的实事求是。

（三）历史性分析性原则

任何人的思想行为都会受到历史的制约，历史教学中在评价历史人物和历史事件时，要将其置于它们发生、存在的社会历史环境之中，深入分析人物当时所处的政治、经济、文化等不同的环境。对于历史分析，要有历史的眼光和全局意识，既要考虑到历史的局限性，又要考虑到历史的发展规律。历史性分析性原则就是要求在历史学习中，要将自身处于当时的历史条件下，以当时的社会生产力为背景，客观地分析历史成就与挫折。历史总是向前发展的，对于历史事件和人物，不能只看结果，主要看其发展的过程，既不能全部肯定，也不能全部否定，否则就犯了形而上学的唯心主义。只有理性地看待历史，从历史的角度去分析历史事件和人物，才能掌握正确的历史观和方法论，才能了解历史教学的意义。

历史唯物主义是最科学的历史观和方法论。在历史发展中，不同的历史人物所处的阶级不同。当然，这不等于是给历史人物贴上阶级标签，而是说，这些历史人物在某些历史事件中做出的事情，多少会带有一些阶级属性。不同阶级的人在不同历史环境中做出的反应，对历史有不同的作用，有的会促进历史的进步，有的则会导致历史倒退。因此，在具体分析某个历史事件或者人物时，还要考虑当时的阶级环境。

（四）科学性与思想性统一原则

科学性与思想性指的是教师在历史教学中应当传递科学的知识，引领健康的思想，表达积极的态度。在大学生思想形成的关键时期，历史教师应当秉持新时代的教育观，以科学的历史知识为基础，对大学生进行历史教育和社会主义教育。首先，历史教学的过程应当体现科学性，对大学生传递的知识应当是科学而有用的，能够解决实际问题的。其次，历史教学的内容应当体现思想性，体现马克思主义的指导性。没有科学的知识，学生就不会客观地认识历史，没有正确的思想，学生就不会正确对待我国的先进文化和制度。历史教师不但要教授历史知识，而且要指引学生形成正确的世界观、人生观和价值观，而要做到这些，离不开科学性与思想性的统一。科学性与思想性统一也是对我国历史教学提出的新要求。

五、历史课程教学的特点

（一）指导方法科学

马克思主义是指导我们党和国家发展的重要理论，是党和人民进行生产生活的重要理论武器。我国的历史教学是在党的关怀和领导下进行的，具有鲜明的马克思主义色彩，同时融入了中国特色社会主义理论。我国的历史教学是非常客观和公正的，能够正确地反映历史事件，客观地评价历史人物。我国历史绵延五千多年，给历史教学留下了丰富的教学资源，世界历史同样复杂多变。在中国史教学中，历史教学大多采用比较具有时代性的历史资料，这一点同样也体现在世界史的教学中。但是，历史教学无法将所有的历史完全讲明，主要是让学生在了解历史的基础上，掌握正确对待历史的方法。

（二）内容丰富精彩

从不同的角度分析历史、评价历史是一件非常有意思的事情。历史的内容非常丰富，历史中的事件非常精彩，历史中的人物非常鲜明。不同时间、不同地域产生了不同的文明，不同的文明创造了各自不同的发展时代，这些都是世界文明的一部分。在历史学习中，学生可以体会不同的文明对国家和世界产生的影响，提升自身的时间、空间概念，感受历史学习的乐趣。

第二节　历史课堂的构成要素

一、高校历史课堂构成要素

（一）教师及其教的要素

课堂教学是教师有目的、有组织、有计划地依据一定的教学目的和内容，设计出最佳方案、传授知识和发展经验的过程。教学是教师进行控制的一种活动，教师是教学活动的组织者和实践者，不管何种形式的课堂教学，教师及其教法是影响课堂教学效果的主要因素。

1. 教师素质

教师素质是指教师履行职责，完成教育教学任务所必备的各种素养的质的要求及将各种素养有机结合在一起的能力。作为一名高校教师，首先是要有较高的政治理论素养，坚定政治信仰，自觉拥护和执行党的各项方针政策。其次是应通晓马克思主义的基本理论和古今中外科学的思想理论，如系统论、进化论等，应具有精深的专业知识，包括专业基础知识、专业主体知识、专业前沿知识，以形成科学的世界观和积极的人生观，具有科学的教育思想。总之高校历史课程教师诸方面的素质（包括思想境界、道德修养、业务水平、教学能力、思维水平、健康状况及责任心等）都直接影响课堂教学活动的效果。

2. 教学方法

教学方法是为实现既定的教学任务，师生共同活动的方式、手段、办法的总称。优质的历史课程教学，不仅在于教师能正确地阐发理论，并进行透彻而深刻的分析，而且还在于教师能否结合教学内容，采用适当的教学方法引导学生思考和讨论现实社会中的热点问题，化解学生头脑中的疑团，解除其思想困惑。因此，在教学过程中，恰当教学方法的采用是提高高校历史课堂教学效果重要的一个环节。高校历史课程教学方法的创新和改进必将为教学的顺利开展带来巨大的积极效应。

3. 教学设计

教学设计是高校历史课程不可或缺的要素。历史课程教学设计是在现代教育理论指导下，为了实现对大学生进行思想政治教育的教学目标，依据课程内容主题、学生特征和环境条件，运用教与学的原理，为学生策划学习资源和学习活动的过程。其内容包括对当代大学生思想心理特点的把握，历史课程教学内容的分析，对教学目标的确定和教学方法、教学评价、教学模式的选用等。

（二）学生及其学的要素

学生是课堂教学的受教者，是课堂教学活动的主体，学生的身心基础和个性特征（包括智力因素、非智力因素及健康状况等）都直接影响学生的学习效果。

1．学生素质

所谓学生的素质指以学生个体的先天禀赋为前提，以后天的环境、教育为条件，通过学生自身的活动而形成和发展起来的学生个体的身心组织结构及其质量水平。简短地说，大学生的素质或人的素质就是学生的质量或人的质量。学生自身素质的高低在一定程度上影响教学的效果，但同时优质的历史课程教学能够使学生素质得到极大的提升。高校优质历史课程教学应在把握学生整体自身素质的基础上，利用遗传与环境的积极影响，有针对性地调动学生认识与实践的主观能动性，促进学生生理与心理、智力与非智力、认知与意向等因素全面而和谐地发展，促进先进文化向学生个体心理品质内化，从而为学生的进一步发展奠定基础。

2．学习环境

学习环境是指学校的校舍、师资、教学条件、教学手段、校风、学风等，这些都是影响学生学习效果的因素。从一个人的心理特点看，人都有可塑性，不同的环境造就不同的教育结果。良好的学习环境能促进一个人愉快地接受教育，能激发一个人的学习热情，促使人们克服困难，取得成功。学校具有良好的教风和学风，一定会对历史课程教学起着潜移默化的积极作用。

3．学习方法

学习方法是指在学习过程中，一切为达到学习目的、掌握学习内容而采取的手段、方法、途径，以及学习所应遵循的一些操作性原则、组织管理等环节。方法是思想的成果，方法的好坏体现的是思维品质的优劣，好的方法可以帮助人更有效率地实现目标，历史课程教师自身除了掌握适当的教法外，还应教给学生学习的方法。大学生掌握历史课程学习方法的意义就在于能够帮助大学生增强对政治的洞察力，提高政治觉悟和坚定正确的政治信仰和立场。

（三）教材及其他教学媒介要素

教学媒介是课堂教学中的物质要素，是信息的载体和信息传输通道。课堂教学媒介指课堂上和课堂外教师和学生使用的所有教学材料，例如，课本、光盘、课件、报刊、照片、多媒体设备等。这些物质要素，并不是处于被驱使的地位，它是现代教学系统中不可缺少的部分，不论从体现转变教学思想及落实教学目标来看，还是从激励学生的学习动机、发展学生的智力、培养学生能力来看，都与教师的主导作用相协同，发挥主动作用。历史课程教师应当充分地使用各种教学材料和多媒体设备，以交流尽可能多的信息，提高课堂教学效率。

二、高校历史课程教学优化策略

（一）教学态度的优化

对于历史课程教师而言，在整个教学过程中，应始终贯穿着自己坚定的政治信仰，对先进教育思想、理念的不懈理解与追求，形成教学是为学生的感受和需要而讲，而不是为完成讲课任务而讲的观念，能够严格遵循教育原则和教学规律，以科学严谨的态度来对待教学的每一个环节，认为教学不是负担而是一个很享受的过程，从而体现出教师自身存在的真正价值。

（二）教学内容的优化

高校历史课程性质决定了历史课程的内容是动态的，因此，特别需要历史课程教师要抓住教学内容的主线与灵魂，按照"实用、实效"的原则来精选教学内容，注重增强教学内容的趣味性、形象性、新颖性。

（三）教学艺术的优化

对历史课程教学而言，它不仅是一种教育活动方式，更是弥漫、充盈于师生之间的一种艺术情境和精神氛围。历史课程教师可以借助表情、姿态等非语言因素来引起学生的有意注意与无意注意，要力避平淡的语调、恒常的音量，注意呈现语言的起伏感，把学生的注意力较好地集中在教师身上，以实现信息的沟通。历史课程教师要善于与学生进行交流与沟通来了解学生的需要和特点，了解教学信息，促进情感的交流，促使课堂教学目标有效达成。在整个教学过程中密切注意学生的反应，根据学生的反应对教学计划进行相应的调整，以提高教学的有效性。

（四）教学方法和手段的优化

教学方法的选择和教学手段的应用是教学思想和教学目标之间的桥梁，优化教学方法是实现教学目标和提高教学效果的重要手段。教学方法的选择重在激活课堂气氛，也要考虑教学过程效率的高低。历史课程应通过采用启发式、研讨式以及案例教学、现场教学和多媒体教学等手段，鼓励学生多思考、多提问，使学生在课堂上经常处于欲提问题的被激发状态。要给学生更多的参与机会，能让学生参与的就尽量让学生参与。如让学生参与更多的实践，以此使知识在参与中落实，能力在实践中提高。

（五）师生关系的优化

在教学中，教师要真诚地对待学生，把学生视为自己的朋友，变师道尊严的师生关系为平等主动的朋友关系。对于历史课程而言，更要创设一种师生得以自由表达、相互促进的宽松环境，使师生基于相互尊重、信任和平等的立场上进行对话。学生只有感到自己在宽松和谐的氛围中上课，师生之间广泛地开展知识的、思想的、情感的、生活经验的交流，才会达到"神入"的状态，才会不断提高课堂学习效率。

第三节　高校历史课程教学的功能

一、社会教育功能

（一）识鉴功能

识鉴即认识、借鉴，我们首先要认识历史，才能借鉴历史，认识功能是基础，借鉴功能是目的。历史是对过去的一种认识过程。运用历史唯物主义可以透过复杂的历史事件揭示历史发展的基本规律，抓住事物的本质，以更好地认识世界。学习历史的目的是更好地认识现实。认识历史有利于帮助学生总结经验教训，也有利于人们自觉推动社会的进步。实际上，对现实准确地把握，正是建立在正确认识历史的基础之上，没有正确的历史认识，也就谈不上真正的把握现实，更谈不上正确的改造现实。学生通过学习历史可以了解历史人物的成败得失，有助于培养他们分析问题和解决问题的能力；理解社会发展规律，加深认识与改造社会的能力；明辨是非善恶，增强理性洞察力；培养其科学意识，树立正确的世界观。总的来说，学生认识能力越强，越有利于认识世界，利于自己以后各方面的学习。

认识是为了更好地借鉴。"前事不忘，后事之师"，历史为人们的实践活动提供经验。历史不能重演，但是可以被借鉴。"以史为鉴"是我们中华民族的优良传统，总结历史经验，是为了避免后人重蹈覆辙，在学习相关经验之后能够少走弯路，避免错误。"殷鉴不远，在夏后之世"，人类就是在不断总结前人往事的经验教训中，不断地向前发展。这种历史意识从古代贯穿至现代。因此，历史教学对当下学生的学习至关重要。我们学习历史并不是简简单单记得几次历史事件，几个历史人物。了解历史，反思过往，鉴古知今，把握历史发展的规律，担负起时代赋予我们的责任，这才是历史学习的意义所在。并不是所有历史人物都是轰轰烈烈的，一些历史人物虽然没有惊人的历史事迹，没有惊天动地之举，但他们无私无畏、刚直不阿的精神同样值得学生学习。学生通过对这些优秀的历史人物的学习，能更好地激发学生求学的动力。

（二）保存与传递文化的功能

在历史长河中，中华文化以其丰厚的精神滋养促进了中华民族的繁衍生息，并不断壮大。而在今天，中华民族的灿烂文化同样也是实现中华民族伟大复兴的源动力。我国高度重视优秀传统文化的传承和发扬，要求甄选鉴别、取其精华，促进传统价值理念、道德规范与现代社会、现代文化相适应、相协调，推动传统文化的创造性转化和创新性发展。历史学科是一门综合性很强的人文学科。通过学习历史课程，学生不仅可以认识社会发展的规律，还能继承优秀的传统文化，弘扬民族精神。人类的文化是在历史的积淀中发展起来的，无论精神文化还是物质文化的传承都需要历史这门学科的参与，正是历史本身的保存与传递功能，才使得我们的民族文化能够源远流长。中华民族在五千多年的历史长河中经历了许多的战争与磨难，然而中华民族时至今日仍然能够屹立于世界民族之林正是得益于我们传递文化的传统。所以我们才要更好地学习历史，吸取和借鉴世界各国、各民族优秀的文明成就，提高我们的文化修养，为祖国发展贡献自己的一份力量。

（三）爱国主义思想教育功能

在课堂中通过对历史知识的学习发挥历史教学的功能，使学生形成历史使命感和社会责任感，培养他们的爱国主义情感、弘扬爱国主义精神。历史课程的设置与编制将正确的思想导向和价值观融入课本。教师在课堂教学中引领学生通过历史学习，增强学生的历史使命感，认同社会主义核心价值观。同时这也是高校历史课程的教学理念和教学任务，有利于引领教育工作核心导向，历史教学能够在这方面发挥自身特有的爱国主义思想教育功能。

二、育人功能

教育的最高使命在于育人，使人走向完整和健全，而一切教育内容都要服务于这个价值。历史课程的教学也同样承载着这个使命和育人功能。

（一）德育功能

德育即育德，也就是有意识地实现社会思想道德的个体内化，或者说有目的地促进个体思想品德社会化。那么什么是德育功能呢？德育的功能，即能满足学生的道德要求，启发学生的道德觉醒，规范学生的道德实践，引导学生的道德成长，培养学生的健全人格，提升学生的人生价值与社会理想。在高校历史课程教学中孕育着非常丰富的德育资源，因此德育功能在历史教学中非常重要。因此在日常历史教学中渗透德育教育是必然选择。这既是高校教育的内在要求，也是当今社会人才培养的重中之重。

（二）智育功能

智育是一种传授学生系统文化知识和技能，发展学生智力和能力，同时更加强调智育的目的性、计划性和组织性的教育。我国传统教育认为读史使人明智，这是我们传统意义上所理解的历史的基本功能，也是历史教育的核心功能之一。历史教学的智育功能，以传递知识、促进学生的智力发展和提高受教育者生存和生活的能力作为教育的目的。人类社会的快速发展，与对知识的重视、智力的培育息息相关。我国从古代社会即明白智力教育的重要性，从春秋战国时期的六艺、私学到后来的太学、科举都表明古代统治者对知识、智力的重视。21世纪以来世界各国对人才又提出了更高的要求，由于智育具备传递知识和能力的功能，越发受到教育工作者的重视。大学阶段的主要任务是知识的获得，主要是从社会实践和课本中得到。大学教育以智育作为目标之一，有利于促进学生学习各学科的专业知识，培养各种技能，提升学生的智能。随着科技的飞速发展，学生的智育教学将会发挥越来越重要的作用。但在实际教学中也不应过分强调智育的作用，应该把学生知识的获得、情感的培育放在一起发展。简而言之，就是德育、智育功能协调发展。通过丰富智育的形式，寓德育于智育中，寓德育于日常教学中，促进学生道德情感的提升，将认知和情感相结合，智育与德育相结合。智育与德育、体育、美育、劳育一样，是大学阶段教育的主要内容，同样也是高校历史学科教学的目标之一。

（三）美育功能

美育是以艺术美、自然美和社会生活美为基本内容，培养学生认识美、欣赏美和创造美的能力的教育。而历史学科具有审美价值的同时也承担着对学生进行美育培养的任务。在客观世界中存在着大量关于美的事物和现象，并且这种美是可以被人们认知的。历史学科作为人文学科的核心，其主要任务之一就是要教会人们惩恶扬善、分辨美丑。在历史教育功能不断深化的今天，美育功能作为一种情感教育使学生学会认识、欣赏美，有利于形成健康的审美思想，促进学生的全面发展。

大学生处于思想逐步完善的关键时期，在历史教学中运用教材对学生进行美的教育，使他们形成正确的审美观，可以丰富他们的情感生活。美育素材在课本中有很多展现，历史中蕴藏着深厚的美育素材，对学生良好品德的形成、创造力的提高、深化社会认识起到了推动作用。高校历史教材中丰富的资料，展现出了一系列的自然美、社会美、艺术美、科学美，为美育目标的实现起到了推动的作用。美育的功能是多样的，在历史教学中美育可以起到道德感化、丰富情感、完善人格和维持心理平衡的作用。

（四）健全人格发展的功能

人格是个体（人）心理、生理、志向、兴趣、爱好、能力、气质的集中表现。健全的人格落实到个体具体实践中就是个体在教育的濡染下对真、善、美的认知、感受、体悟与践行；是个体需求与社会需要、传统文化熏陶与现实时代需求的高度统一。教育的首要功能是人的发展，历史学科作为人文教育的基础学科，以其丰富的人文内容及培养发展学生适应能力对人格的培育、健全具有重要意义。通过历史教学使学生在潜移默化中受到情感熏陶，逐渐塑造学生的健全人格，这正是历史教学的应有之义。大学生健全人格的形成，是历史教学的功能得以运用的必然结果。

总之，高校历史课程的育人功能是德育、智育、美育等的有机结合，根本目的是立德树人。因此，不能把德育和智育、美育孤立甚至对立起来。高校历史课程是促进学生德、智、美等方面人格健全发展的课程，在提高现代公民的人文素养和科学精神方面发挥着重要作用。[①]

三、人文素养与科学精神培养的功能

（一）人文素养

人文素养是指通过人文学科知识的学习和积累或环境的熏陶使之内化为人格、气质、修养，成为相对稳定的基本品格和基本态度，使个体能够正确处理个人与个人、个人与社会、个人与自然的关系，让自身在道德、智力、情感等方面得到和谐发展等。历史学科是人文学科的核心，在人文素养培育方面具有其他学科所不能具备的功能优势。一方面历史教学是人文素养的主要培育渠道；另一方面，人文素养是历史教学的灵魂。在历史教学中，教师应充分重视并发挥历史教学对促进学生人文素养形成的重要作用。历史教育自古以来就有立德育人的传统，历史上优秀人物所具备的人文精神在今天仍然可以启迪和帮助学生陶冶情操。中华民族有五千年的璀璨文化，其中包含着大量的传统优秀美德和高尚情操。学生在历史课程中可以学习到岳飞精忠报国的爱国情怀、陶渊明不为五斗米折腰的高尚情操、季布一诺千金的信义、勾践卧薪尝胆的坚持、苏武牧羊的气节操守等，这些历史人物的美德对于时下学生人文素养的形成具有重要作用。

在经济高速发展的今天，人才是一个国家快速发展的基石。那么培

---

① 郭雪梅. 落实历史学科核心素养的课堂教学策略 [J]. 科普童话·新课堂(下)，2019（08）：136.

养一个合格的人才就成了教育共同的话题，不同于以往单纯智育或者德育的培养，现在需要的是一个全面发展的人。历史课程以其独特的人文素养价值在促进学生德、智、体、美、劳方面发挥了不可替代的作用。它以其丰富的人文素养为学生的成长提供充足的精神食粮。注重培育学生的人文素养不仅仅是适应时代的需求，更是学生全面发展的要求。现在是一个知识爆炸的时代，知识的更新速度很快。因此，历史教育必须重点培育学生学会学习的能力，学习的方法，更重要的是使学生养成良好的心理素质和优秀品德，形成综合的文化素养和个人修养。大学阶段，是学生身心发展的关键期，为了学生的终身发展考虑，大学教学更应该在身心两方面下功夫。对于高校历史教育工作者来说，如果不能在未来人才培养方面塑造人才良好的人文素养，那么教育工作无疑是失败的。高校历史课程教学应大力培养学生的人文精神，促进学生全面发展，终身发展。

（二）科学精神

科学精神是人类在长期的科学探索和获取科学成就的过程中形成的共同信念、价值标准和行为规范的总称。它包含了探究精神、实证精神、理性精神。科学精神培养是历史课程价值观教育的基本内容之一。历史学科自身蕴藏着丰富的科学精神教育素材，有利于提升大学学生的科学素养。高校历史课程教师要意识到历史学科所具备的这一特殊教育价值，发挥其对学生进行科学精神培育的优势，使历史教育功能发挥应有的作用。在历史学科的科技史教学中，我们知道了居里夫人在简陋的实验室里经历重重实验，终于发现了放射性元素镭；哥白尼自制天文仪器观察天体，花 6 年时间写出《天体运行论》，即便面临生命危险仍然捍卫"日心说"；也有牛顿的万有引力、爱因斯坦发现相对论等数不胜数的例子向我们证明了科学不仅伟大更需要不畏艰难的勇气和决心，勇于创新、攀登高峰。历史学习过程中还要求学生除了掌握基本科技知识外，还要能够养成严谨的科学态度，求真务实的精神，更需要注重引导学生形成理性思维的习惯，敢于质疑，养成自主探究的精神，以此提高自己的科学精神素养。

历史学科是科学性和人文性的综合体，既具有客观性，又有人文价值。历史学的科学性体现在客观史实的求真，历史学的人文性体现在对这些史实的分析和认识上。素质教育是以人的发展为本的教育价值取向，着眼于人的全面发展和整体发展，其中特别强调人文精神和科学精神在教育内容中的整合，使教育目标和教育功能的整体性能够通过教育内容的整体性得以很好地实现。人文素养凝聚着整个人类社会的根本精神，是一个综合概念，包含着道德精神、体育精神、艺术精神等，科学精神理应亦包含在其中。科学精神旨在促进人类文化的更好更快发展，体现了以人为本的人文内涵，也就是说科学精神是人文精神的外在展现。学习科学知识需要以良好的人文素养为前提，而科学素养的提高也同样要求学习者有较高的人文素养。在具体的高校历史课程教学中，教师担负着培养学生的科学精神与人文精神的双重责任，因此，历史课程教师应该主动地将科学精神与人文精神结合起来，只有这样，才能对学生的成长起到积极的作用。历史课程教学应以人为本，充分发挥其在科学精神和人文素养方面的教育功能，科学精神教人求真务实，人文精神指引人心。总之，高校历史课程教学通过科学精神与人文素养的统一，把两种教育功能转化为学生的内在精神和外在素养，可以使学生获得全面发展。

第二章　高校历史课程教学模式

第一节　教学模式概述

一、教学模式的概念

教学模式是在一定思想理论的指导下，为了完成特定的教学目标与内容，围绕某个主题形成的较为稳定的教学结构理论以及具体的、可操作的教学活动方法。通常情况下，教学模式是两种以及两种以上的教学策略的综合运用。教学模式可以概括为：以一定的理论为指导；有着明确的教学目标与内容；有着一定的教学活动序列与方法策略。

教学模式又被称为教学结构，是人们在长期的教学实践中不断总结、改良逐步形成的，它起源于教学实践，并且反作用于教学实践，是决定教学质量与效率的关键因素。因此，教师应了解教学模式的发展规律。

（一）国外对教学模式的定义的研究分析

美国乔以斯和韦尔在《教学模式》一书中系统地研究了各个流行的教学模式，详细地介绍了多种具有代表性的教学模式的结构特点以及这些教学模式的应用技巧。但是，对于教学模式的定义，国内外的学者并没有统一的看法。乔以斯和韦尔对教学模式的定义比较具有权威性，他们认为教学模式是构成课程和课业、选择教材、提示教师活动的一种范型和计划。实际上，教学模式并非一种计划，而是蕴含着某种教学思想，通过计划将其简单化。在教学模式的研究领域中，乔以斯等人的研究直到现在都发挥着至关重要的作用。

美国的比尔和哈德格雷夫对教学模式的定义为：模式是再现现实的一种理论性的、简化的形式。比尔和哈德格雷夫认为，教学模式主要包括三个方面。第一，模式是现实的再现。他们认为，模式是现实的抽象概括，是来源于现实的。第二，模式是理论性的形式。模式是一种理论，并非一种工艺性的方法、方案、计划。第三，模式这种理论形式是精心简化了的，以经济明了的形式表达。

（二）我国对教学模式的定义

我国对教学模式的定义可以分为三个范围。第一种观点认为，模式属于方法，其中有的人认为模式就是教学方法，有的人认为模式是多种方法的综合。第二种观点认为，教学模式与教学方法既有区别，也有联系，各种方法在具体的时间、地点和条件下表现为不同的空间结构和时间序列所形成的不同模式。第三种观点认为，模式与"教学结构与功能"这对范畴紧密相关，教学模式是人们在教学思想的指导下，对于客观的教学实践所做出的主观选择。我国的一些学者在 20 世纪 80 年代中期提到教学模式之时，提出了几种见解。甄德山在《教学模式及其管理浅议》中指出，所谓教学模式，简单地说，就是在一定教学思想指导下所建立起来的完成所提出教学任务的比较稳固的教学程序及其实施方法的策略体系。吴也显在《课堂教学模式浅谈》中指出，某种活动方案经过多次实践的检验和提炼，形成了相对稳定的系统的和理论化了的教学结构，这就是我们所说的教学模式。张武升在《关于教学模式的探讨》中指出，教学模式是在教学实践中形成的一种设计和组织教学的理论，这种教学理论是以简化的形式表达出来的。柳海民在《试论教学模式》中说道，教学过程的模式，简称教学模式。它作为教学论里一个特定的科学概念，指的是根据客观的教学规律和一定的教学指导思想而形成的，师生在教学过程中必须遵守的比较稳固的教学程序及其实施办法的策略体系。刁维国在《教学过程的模式》中说道，教学模式是指具有独特风格的教学样式，是就教学过程的结构、阶段、程序而言的，长期的、多样化的教学实践，形成了相对稳定的、各具特色的教学模式。吴恒山在《教学模式的理论价值及其实践意义》中写道，教学过程的模式，简称教学模式，它作为教学论里一个特定的科学概念，指的是在一定教育思想指导下，为完成规定的教学目标和内容，对构成教学的诸要素所设计的比较稳定的简化组合方式及其活动程序。于深德和朱学思在《探索新的教学模式》中写道，把"模式"一词引用到教学理论中来，旨在说明一定教学思想或教学理论指导下建立起来的各种类型教学活动的基本结构或框架。现在，我国对教学模式的定义大致可以分为以下五种。

（1）教学模式属于方法。

（2）教学模式与教学方法是相互区别且联系的，各种教学方法在具体的时间、地点和条件下能够表现为不同的空间结构和时间序列，能够形成不同的教学模式。

（3）教学模式与"教学结构与功能"这对范畴紧密相关。

（4）教学模式是在一定的教学思想之下所建立起来的，为了完成教学任务所形成的较为稳固的教学程序以及教学方法的策略体系。

（5）教学模式是在教学实践中形成的一种设计和组织教学的理论，并且以简化的形式表现出来。大致可以分为以下几种见解。

①过程说。过程说将教学模式放入教学过程之中，认为教学模式是教学过程中的各种模式，是一种教学"策略体系""教学样式"。在过程说中有一种十分经典的说法，教学过程的模式，简称教学模式，它作为教学论里一个特定的科学概念，指的是一定教学思想指导下，为完成规定的教学目标和内容，对构成教学的诸要素所设计的比较稳定的简化组合方式及其活动程序。

②结构说。结构说认为，教学模式属于教学结构。结构是指事物各要素之间的组织规律和形式，教学结构主要是教师、学生、教材之间的组合关系。从狭义上来说，教学结构指的是教学过程中各个阶段、环节、步骤等各个要素之间的组合关系。结构说中有个典型的说法是将模式一词引用至教学理论中，旨在说明一定教学思想或教学理论指导下建

立起来的各种类型的教学活动的基本结构或框架。

③策略说。策略说认为，教学模式是进行教学的策略。持该观点的学者认为，教学模式是依据教学思想和教学规律而形成的在教学过程中必须遵循的比较稳固的教学程序及其方法的策略体系，包括教学过程中诸要素的组合方式、教学程序及其影响的策略。虽然这种说法说出了教学模式的程序性与稳定性，但忽视了教学模式的简约性与结构性，没有揭示出教学模式的本质。

④理论说。理论说将教学模式看作一种简约化的教学理论。理论说中有这样的说法：教学模式是在教学实践中形成的一种设计和组织教学的理论，这种教学理论以简化的形式表达出来。理论说搞错了教学模式的上位概念，没有看到教学模式是教学实践与理论的中介，很容易让人们误以为教学模式属于教学理论或者将其等同于教学理论。

⑤方式说。苏联教育学家巴班斯基认为，教学模式是在教学实践中基于教学形式和方法的系统结合而产生的一种综合性的形式。我国学者指出，所谓教学模式，是指在一定的教育思想指导下和丰富的教学经验基础上，为完成特定的教学目标和内容而围绕某一主题形成的稳定且简明的教学结构理论框架及其具体可操作的实践活动的方式。但是，这种定义没有意识到教学模式的程序化，也没有用精炼的语言揭示教学模式的内涵。

⑥程序说。程序说认为，教学模式是教学的程序或阶段。该观点虽然看到了教学模式的程序化，但是没有揭示出其本质。

⑦表达说。表达说认为，教学模式是人们为了特定的认识目的对教学活动的结构所做的类比的、简略的、假定的表达。

⑧动态说。动态说认为，教学模式是教师根据教学目的和教学任务，在不同的教学阶段，协调应用各种教学方法过程中形成的动态系统。

⑨选择说。选择说认为，教学模式是人们在一定的教学思想指导下，对教学客观结构做出主观的选择。

综合上述观点，可以这样理解教学模式：教学模式是在一定教学思想或教学理论指导下建立起来的，较为稳定的教学活动结构和活动程序。结构框架是指能够从宏观上把握教学活动整体以及各个要素之间的内部关系的功能，活动程序是为了突出教学模式的有序性和可行性。

二、教学模式的发展

古代最经典的教学模式是传授式，其程序结构是"讲—听—读—记—练"，是教师灌输知识、学生被动接受知识的教学样式。书中的文字与教师的讲解、学生的对答达到了高度的一致，学生的学习是靠着机械地重复与背诵进行的。

17世纪，随着学校教学中自然科学内容与直观教学法的引入以及班级授课制度的实施，夸美纽斯提出教师应该将讲解、质疑、问答、练习统一在课堂教学之中，并且将观察等直观活动纳入教学系统之中，首次提出了"感知—记忆—理解—判断"的程序结构的教学模式。19世纪是一个科学实验兴旺繁荣的时期，赫尔巴特从统觉论的角度研究了人的心理活动，认为在学生学习的过程中，只有当新经验与已经构成心理的统觉团中的概念发生联系的时候，学生才能够真正掌握知识。因此，教师的任务是选择正确的材料，用适当的程序来提示学生，帮助学生形成学习背景或者是统觉团。从这个角度来说，赫尔巴特提出了"明了—联合—系统—方法"的教学模式，后来他的学生莱因将其改为"预备—提示—联合—总结—应用"的教学模式。

上面这些教学模式都有一个共性，即忽视了学生学习的能动性，从不同程度上压抑与阻碍了学生的个性发展。在资本主义工业大发展的时期，人们越来越强调个性的发展，因此，以赫尔巴特为主的教学模式遭到了人们的抵制，而同时，以杜威为主的实用主义得到了人们的推崇，也促进了教学模式的发展。

但是，杜威提出的实用主义也存在着很多缺陷，它将教学过程和科研过程等同，过于强调了学生的主动作用与直接经验，却忽视了教师在教学过程中的主导作用，也严重影响了教学质量。因此，这种教学模式在 20 世纪 50 年代遭到了人们的抵制。

20 世纪 50 年代以来，科技的发展对教育的发展做出了全新的挑战。因此，人们开始采用新的理论与技术来研究教学问题。现代心理学和思维科学对人脑的活动机制进行分析，对教学实践产生了十分深刻的影响，这也为教学模式的发展提出了新的课题。这一时期出现了很多全新的教学模式。

第二节 问题探究式教学模式

一、问题探究式教学模式的内涵

问题探究式教学模式是以问题解决为中心的，让学生们仿照科学家的探究性，在发现问题、分析问题与解决问题的过程中不断培养自身的创新能力。在这种模式下，学生的整个学习过程都是将任务与问题结合在一起的，学生们会在真实的情境中带着问题来学习。这种教学模式以探究问题的解决办法为主要目的，以问题来维持学生的探究兴趣与学习动机。一般而言，问题探究式教学模式的程序结构为"提出问题—分析问题—创造性地解决问题"。在这个模式下，学生是在教师的指导下参与问题解决的认知过程的，在高校历史课程教学中，多以任务驱动的方式进行。问题探究式教学模式能够促使学生在"自知"中求知，在"合作"中获取，在"探究"中得以发展。

第一，在"自知"中求知。自主学习是合作学习的前提与基础，它不仅是一种学习方法，更是一种学习状态。在教师的引导下，学生带着问题进行自学，这就需要教师在布置自学任务的时候考虑几个问题：指导学生设计自学提纲，时间要提前；教学设计要简单与具体，并且逐步扩展到抽象的、概括性的问题之中；要有充足的学习资料。要充分调动学生学习的兴趣与积极性；为学生介绍多种自学方法。

第二，在"合作"中获取。小组合作讨论能够有效培养学生的合作学习的精神与意识，并可以为每一个学生提供展示自我的机会，使每个学生都有发表自身见解的机会。在合作学习中，整个探讨过程与结果都需要学生进行有效的合作与交流，学习成果也是以小组成绩展示的。在小组内，每一个学生除了要发表自己的见解以外，还必须聆听他人的见解与观点。这可以使学生在合作中养成倾听的好习惯，能够促进学生之间的交流与沟通，使他们在互相帮助下解决学习历史的过程中所遇到的各个问题，共同进步。

第三，在"探究"中获得发展。学生的自主探究与创新精神是密不可分的，他们只有在探究与实践中才能够发展自身的个性，创新精神就在此过程中得以培养与实现。因此，在实际的教学中，教师一定要注意培养学生的求异思维，促进学生的探究精神与创新能力的发展与进步。在问题探究中，教师一定要鼓励学生从不同的角度进行思考，鼓励他们追求合乎情理但独具特色的问题答案，使学生具备科学的探究精神。

问题探究式教学模式主要是来自"问题解决"与"探究学习"两个层面。最早提出"问题解决"的是威廉·詹姆斯，经过皮亚杰等人的研究发展成具体的、系统的教学理论，后来经过斯塔特金、巴班斯基等人的研究，这种教学模式的影响逐步得以扩大。"探究学习"产生于 20 世纪美国进行的课程改革之中，布鲁纳和施瓦布分别提出了"发现法"与"探究学习"的教学理论，强调要以科学的概念、方法、态度来理解科研过程。布鲁纳认为，教学应该重视科学的知识结构，重视发展学生的智力与创造能力等。更为重要的是，学生在学习中能够形成科学的探究态度，并做出建设与判断，从而不断提高自身的应用能力，激发与维持他们探究新事物的兴趣。这种教学模式的具体步骤是：创设问题情境，激发学习兴趣；精心设计处于"最近发展区"的问题，促进学生的学习与迁移；学生要提出问题并进行猜想，根据预测展开探究以便论证猜想是否正确；及时反馈与评价教学效果。

我国教育的近代化是在 1904 年开始的，清政府颁布的《奏定学堂章程》创建了第一个近代化学制。但是，当时的教学模式还比较保守。直到民国时期，我国社会掀起了革命浪潮，促使了教育革命的发展与改革，很多学者都开始研究并引用国外先进的教学方法，如分团教学法、自学辅导法、社会教学法、设计教学法，也因此出现了很多与教学模式与教学方法有关系的文献资料。其中，影响最为广泛的就是设计教学法与道尔顿实验制。

设计教学法打破了学科之间的限制，以大单元的形式进行教学活动，它以激发学生的学习兴趣为基础，以实际问题为中心，引导学生不断发现问题、提出问题、分析问题、解决问题等，帮助学生设计学习动机，然后使其以小组、全班讨论等多种形式进行讨论与学习，最终由教师与学生一起做出评判。

道尔顿实验制十分看重教学组织形式的改革与作业程序的设立，它由原来的班级授课制转变为个别教学，由原来的教师讲授转为学生自学研究。整个教学活动都需要依赖于作业指定、室内完成作业指定、记录成绩。这种教学方法旨在培养学生自我决定、自我计划、自我实行等多种能力。提高他们自我教育的能力，看重的是学生的个性和自我发展，虽然这种教学方法是比较先进的，但是由于其与我国当时的教育情况并不吻合，所以没有得到真正落实。

纽厄尔和西蒙指出：问题是这样一种情境，个体想做某件事，但不是即刻知道对这件事所需采取的一系列行动，就构成问题。探究则是一种求索的过程，其本质是求真质疑。在教育中，探究则是寻找、探求等。问题探究式教学模式就是在教学中，师生双方通过共同创设情境，挖掘、引发学生产生不同的疑问与想法，提出假设与问题，使其以个人与小组的形式在课堂上积极探索、大胆质疑的教学过程。这种教学模式反映了学生的认同思维过渡到创造思维的过程，也决定了教师的教学必须有明确的目的与意识，并通过层层深入不断提出一些探究性问题，引导学生逐步认识历史本质。这种教学模式更加强调学生发现问题与解决问题的过程，也更加具有开放性、实践性，学生在探究过程中能够综合锻炼自己的理智与情感，从而掌握提出问题与解决问题的方法，逐步形成质疑、探究、求知、乐学等多种优良的学习品质，最终达到预期的教学目标。

二、问题探究式教学模式的提问方式

问题探究式教学模式的重点就是提出问题，这直接关系着教学目标是否能够顺利实现，可以说，问题探究式教学模式的灵魂便在于提出问题，整个教学活动也是以"问题"为基础与线索的。在高校历史课程教学中，教师可以从多个方面提取问题，如与学生生活实际相关、学生感兴趣的话题，学生在课堂中生成的问题。

（一）师—生设问方式

师—生设问方式是我国最普遍的教学模式，即教师提问，学生回答。这种方式有利于教师把握教学进度，更易于管理课堂，但是在这种模式之下很容易忽略"以学生为主体"这个新教学理念。下面将列举几种较为常见的问题创设类型。

1. 递进式

历史知识具有一定的条理性、规律性，这些规律常常会隐藏在历史事件的背后，对此，教师应该从最浅层的历史表象出发，设计递进式的历史探究问题，逐步引发学生的好奇心与求知欲，促使学生形成知之、乐之、好之的心理变化过程。这种提问方式要求教师在课堂上以问题来引导学生，进行设问，便于教师把握整个课堂活动，但是从本质上说，学生依然是处于一个被动的地位。虽然学生能够根据教师的引导逐步加深思考的深度，但是他们的质疑能力与思考却受限于教师。在这种探究问题方式下，整个课堂的教学活动是以教师的思维为主的，整个问题都是在教师的逻辑框架之中进行的，欠缺培养学生的问题意识。

2. 拓展式

拓展式问题就是指以教材为主，设计与教学内容有关的问题，教师在设计问题的时候，要遵循探究问题的规律性，并且根据学生的认知水平重新整合历史教材，对其做出适当的变动。例如，教师可以将一个大问题分解成几个小问题进行教学，让学生在突破小问题的过程中完成对大问题的解答，最终形成统一结论。

3. 循环式

教学活动的实施主要可以分为问题情境、假设论证、解决问题、引证假设等几个步骤。如果教师应用得当，就会大大促进学生分析历史问题、质疑、客观求证等多种能力的提升。这种提问方式比较适用于历史素养水平较高的学生。

4. 总分总式

在充分了解了学情之后，在学生的探究欲望被进一步激发出来以后，教师可以利用不同的组织形式来满足学生的学习需要。在这种时候，教师便可以利用课堂中的生成性问题或学生根据自己的兴趣爱好自行提出的问题进行提问，然后再让学生收集资料、展开辩论等。这种形式下的问题多是开放性的，所以答案并不唯一，教师要以平等、民主的态度鼓励学生说出自己的观点，不可以扼杀学生的"求异"思维，要维护学生的话语权。例如，在评价辛亥革命时，教师可以以讨论课的模式来安排学生学习相关知识，而学生们已经在课前、课后对这些历史内容有了一定的了解，所以这就为他们对辛亥革命的评价提供了前提条件。首先，教师要让学生为了表述自己的观点做好充分的准备，引导学生通过学校、图书馆、互联网等多种途径来收集资料，充实自己的观点，并为学生的讨论做好充足的准备。教师要及时跟踪学生的准备进程，及时为学生提供必要的指导。其次，教师要让学生以网页或幻灯片的形式来展示自己的研究成果，并且附上结题报告。最后，教师要以启发、探讨等方式在课堂上展开历史辩论，从而逐步完成整个教学过程。这种研讨活动能够有效加深学生对辛亥革命的认识，也能够了解研究历史的基本方法与原则。而整个探究活动也能够很好地激发出学生的认知冲突，促使他们不断推进自己的思考深度与广度；更为重要的是，这种活动能够刺激学生产生批判性思维与创新思维，能够开发学生的潜能与智力。

（二）生—师设问方式

生—师设问方式就是指在学习过程中，学生就自己的疑难点进行提问，教师就这些问题进行有效的解答。通常情况下，这种提问方式比较简便，也能够直接获得问题答案，但是并不能有效促进学生的探究过程，也不能锻炼他们的思维能力。有人这样说过，提问的关键不在于以最快或最有效的方式得到正确答案，而是激发一个学习活动。这个过程不仅可以成功地构建更为准确的答案，而且这些答案是运用学生自己的选择并在教师的指导下的个性化的探索和发现活动中获得的。在历史教学活动中，如果长期处于学生问、教师答的状态之中，学生就会产生一种思维惰性，他们会忽视自己解决问题的能力，过于依赖教师的指导。但是，如果教师能够灵活处理这个问题，就能转变这种教学劣势，这就需要教师在学生提问的时候，不要直接给出答案，而是将解题的思路展示给学生，让他们在解题思路的引导下逐步发展自学能力。

（三）生—生设问方式

生—生设问方式是最有价值的提问方式，是指教师将提问的主动权交还给学生，让学生完全按照自身的思维与思路来质疑、解疑，这也是最高层次的一种提问方式。

问题探究法的关键因素就是问题，不管是哪种提问方式，都需要以问题为中心。因此，高校历史课程教师在教学中除了要思考如何设计巧妙的问题，还应该关注学生问题意识的培养与提升。问题意识是指学生在认知活动中意识到一些难以解决的实际问题和理论问题时所产生的一种怀疑、困惑、焦虑、探究的心理状态。问题意识是科学创新的原始动力，也是提高学生科学素养的基本出发点。历史是一门思考性的学科，没有思考的历史教学是没有意义的；历史学科也是一门学问，没有学问的历史是一种没有思考活动的教学行为；同时，历史也是一门方法学科，没有方法的历史教育是没有思想与学问的，也不适宜在学校中单独设置学科。因此，高校历史教师应该在实际教学中突出问题意识，教师也应该及时抓住课堂中的生成性问题来培养学生的问题意识，在课堂中利用各种问题来引导学生产生不同的看法。因为学生们的生活环境、家庭背景、知识储备与经验经历等是不同的，所以他们对一个问题或多或少都会产生不同的观点，在这种时候，教师一定要善于激发学生的创新思维与思考火花。但是，如果学生在历史课堂中遇到的问题过于繁多，那么教师就不能一一解答，但也不能置之不理，应该将这些问题中没有探究价值的剔除掉，找到一些关键性的实质问题进行探究。恰当筛选和处理学生的问题是操作关键，它规定了整个教学方式的有效实施。按学生提出的问题组织教学，绝不意味着放弃教师的主导地位和作用。另外，教师要鼓励学生根据真实的历史资料提出问题，保证问题的价值与严谨性，否则由学生凭空想象而得出的问题是经不起探究与推敲的，教师必须始终秉承着这一观念。另外，学生要在史料中学会质疑，从而发现、筛选出问题，并且自行进行探究与解释，从而有效塑造学生的理性判断能力，进而提升他们的科学素养水平。

要想做好生—生提问，教师就必须在历史课堂中体现预设与生成之间的统一，科学把握二者之间的关系。那么，教师在处理预设与生成问题的时候，一定要注意以下几个问题。

第一，课堂生成不能完全脱离教学目标。教学目标是一节课的教学方向，也是判断一节课是否有效的直接证据。生成性课堂虽然有很多优势，但同时也可能出现画蛇添足的情况，教师必须围绕教学目标来分析生成性问题是否有效，避免无效的生成性问题浪费宝贵的课堂教学时间，从而导致教师无法按时完成教学目标。

第二，课堂生成要尽可能兼顾所有学生。课堂生成一般是因为一个学生的突发奇想或偶然事件所展开的，因此，教师必须考虑这个问题是否具有普遍讨论的价值与意义，这样才能够判断出在全班范围内组织学生讨论这些问题的意义。

第三，生成性课堂要提升教育智慧。生成性课堂需要教师有"化腐朽为神奇"的魔力。生生、师生之间的思维与情感都会在教学中发生激烈的碰撞与启发，只有如此才能够不断充实课堂，让历史课堂"活"起来。生成性历史课堂会让教师不再"为他人作嫁衣"，学生也不再是简单的"鹦鹉学舌"，在整个教学中充满着智慧与欢乐，这是一种十分精彩的历史课堂。教师要精心设计历史课堂教学，但是课堂本身是动态的，教师应该充分尊重学生的主体地位，鼓励生成性问题。这对教师的教学智慧有着较高的要求。教师要对偶发性的课堂事件做出准确的判断，并且在瞬间做出正确的处理方法的决策。因此，教师在日常的教学中不可以放过任何教学细节，重视在教学中与学生进行有效、频繁的交流，善于总结自己的得失。

第三节 小组合作教学模式

一、小组合作教学模式的内涵与现状

（一）小组合作教学模式的内涵

小组学习（team learning）是一种十分受欢迎的教学方法，在近些年的实践中，人们使用了多种不同的名称来形容它。近些年来，最为常用的术语便是小组活动（group work）和小组学习（group learning）。20世纪90年代以来，大部分与小组学习有关的研究都被定义为合作学习（cooperative learning），是指由小组学生共同完成一项任务的结构化教学方法。20世纪90年代，协作学习被当作是应用于理科与工科中的术语。后来，有学者效仿马祖尔的研究，认为小组学习是指小组里的两个人相互解释他们的答案给对方，这种方式也被称作同伴教学（peer instruction）和同学异修（peer tutoring）。虽然这些术语的叫法不同，但是具有高度概括化、清晰化的与小组合作有关系的术语便是小组学习，该术语比其他任何术语都强调了相互的、积极的依赖，学生将小组和个人的测试以及各自的职责和得分看作是团体的也是他们自己的表现。

（二）小组合作教学模式中存在的问题

小组合作教学模式是一种以"不求人人成功，但求人人进步"的教学理念为基础的，在整个实施过程中，学生学习的积极性能够被充分调动起来。但在实际的实施过程中，很多教师往往会由于利用不当使得小组合作教学模式流于形式，无法收获较好的学习效果。因此，教师如何合理地应用教学模式，便成了他们所面临的重大问题。

当前，小组合作教学模式的操作存在很多误区，使得小组合作教学活动流于形式。例如，有些教师在组织学生展开小组合作教学时，刚提出讨论问题便让学生开始自行讨论，不注重条理性，使得只有一部分学生成为发言、讨论与学习的主体，而大部分学生的参与度较低。如此一来，小组合作教学模式的效果就不够理想。

不仅如此，小组合作教学模式的最终目的是提高学生自学的积极性，开发学生的智力及对学习的渴望，不断提高学生发现问题、思考问题、解决问题的能力，以此促进学生综合素质的提升。因此，小组合作教学模式能够有效帮助学生进行独立思考与主动探索，也能够让学生们学会在探索中主动分享自己的观点，善于总结。另外，小组合作教学模式多用于学生无法自主完成学习任务的情况之中，但是部分教师却忽视了这个原则，也没有准确把握小组合作教学模式的精髓。这些问题的存在阻碍了小组合作教学模式的进程。

（三）小组合作学习的意义

第一，小组合作教学模式有利于提升学生的认知水平。小组合作学习模式为不同水平的学生提供了有利的学习条件，并且学生在帮助他人的过程中也能促进自身知识结构的系统化与条理化。小组合作教学模式还能够锻炼学生的语言表达能力与逻辑思维能力。因此，这种模式有助于在整个班级环境中形成一种"人人求进步，人人求发展，人人求成功"的氛围。

第二，小组合作教学模式有利于培养学生的集体意识。小组合作教学模式改变了传统的分组方法，将学生以科学的形式分成若干个学习小组，每个小组内部都有着共同的学习目标。在小组合作教学模式下，小组的成功才算作是教学的成功。学生个人的发展固然重要，但他们也必须为促进小组活动的成功而努力，而小组的成功也使每个小组成员获得相应的进步与提高，如此一来，所有的小组成员都会形成一种"休戚相关""荣辱与共"的感受，这便是集体意识的雏形。另外，学生在小组合作教学模式下，为了不拖小组后腿会努力学习，这就使得他们为了捍卫小组荣誉而积极主动地参与历史学习活动，学习效率得以大幅提升。现在有很多教师会用小组成绩来考核学生的学习效果，并且会在班内选出"优秀合作小组"，尽心尽力的小组长也会担负起小组长的监督、组织等责任，所以不会出现"各人自扫门前雪，莫管他人瓦上霜"的问题。这样一来，学生的情感、态度与价值观也能够得到一定的培养。

第三，促进新型师生关系的建立。在小组合作教学活动中，教师是学生学习的顾问与指导者，这对于促进师生之间的平等交流十分有益。在小组合作教学模式下，教师的教与学生的学有机地融合在了一起，为师生之间的互动与交流提供了新的形式，教师与学生之间能够真正实现平等交流。

第四，有利于培养学生的竞争意识。没有竞争，就不会有发展。虽然合作学习十分强调学生以合作的形式来学习，但是并不排斥学生之间的竞争，它甚至鼓励学生之间展开良性竞争。一般来说，小组合作模式下的竞争有小组竞争、组内竞争、组间同等水平的学生竞争。对此，教师应该定期进行评价，保证评价的客观性与全面性，激发学生奋勇争先的积极性，增强学生努力上进的竞争意识。因为学生一直都有明确的竞争对象，有争、赶、超的明确意识，始终处于竞争状态，所以他们的学习状态一直都是比较积极的。

第五，有利于落实因材施教，使每个学生都得到发展。小组合作教学模式克服了传统教学中覆盖率不足、学生实践机会少、训练不充分等多个缺点，也改变了学生过于懒惰的被动学习方式。在小组合作学习中，学生能够在知识、能力、态度等多方面进行沟通，因此，这种学习方式能够有效解决个体差异的问题，缩小两极分化的差距，真正落实因材施教。

合作学习只是课堂教学中的一种方法而非全部，它并不适用于所有的场合，所以教师切不可为了合作而展开合作，尤其是在一些浅显的问题场景中切忌使用这种教学模式。

二、小组合作教学模式的应用策略

（一）制定合理的合作学习目标

小组合作学习目标是整个合作学习活动的方向，这个目标的制定是否合理也直接影响着整个教学效率与质量。

（二）创新学习方法

小组合作教学模式需要以更加科学的学习方法为依托，这就要求教师必须明确自身的作用与角色，向每个小组准确传达学习任务与学习目标，还要为小组提供科学的交际方法与合作方法，这对学生的小组合作学习质量与效率十分有益。同时，教师在表述学习目标的时候，一定要明确、具体，让学生准确了解学习方向。一般情况下，教师在课前需要明确的教学目标主要有两类：专业目标与社会目标。专业目标是指教师需要根据学生的学习能力、接受能力、教学任务与水平等多种因素设定学习目标；社会目标是为了培养学生的社会技巧所进行的教学活动，单就这方面就需要教师在课堂上对人际交流技巧进行适度的讲授。在创新学习方法的时候，教师要将学生进行合理的分组，坚持"组内异质，组间同质"的原则，将学习成绩、学习能力、交际能力、语言表达能力不同的学生分在同一个小组，以期在学生之间实现互帮互助的学习氛围。另外，在小组讨论与学习中，教师需要在课前进行精心的备课，并且要尽可能地多用一些具有思辨性的问题与材料，发展学生的思维能力。

（三）及时观察学生学习情况

许书明在《语文有效课堂教学设计与实施》一书中明确指出，由于高效课堂的学情调查具有全程性、全时性的特征，因此，我们应从课前、课中、课后三个方面研究其策略与方法。这就要求每个教师必须随时随地观察学生的学习过程，根据学生的变化以及他们的认知特点与接受能力等确定历史学案的教学起点。在课前科学地调查学生的起点，可以更好地制定导学案。而要想在课前调查学情并确定教学起点，就完全依赖于教师科学的教学方法。教师可以找准现实起点，把握逻辑起点，从而创造出新的教学方法。现实起点是学生在多种学习资源的作用下所形成的原有知识体系；逻辑起点是学生根据教材所确定的学习进度，并在学习过程中不断扩充自己的认知体系，从而形成的知识基础。在历史课堂中，教师应该敏锐地关注学生的学习情况，把握具体的教学方向，从而灵活地调整教学策略，准确了解学生的学习情况，在课堂上进行观察，并在巡视中倾听学生的想法，询问每个学生的学习进度，依学而教，顺势而导。每上完一节课，教师都要进行"反思学情"，如果一种方法无效，教师便要找到其他的学习方法。"在教学中进行反思，在反思中促进教学"，在如此循环往复的过程中，教师可以不断地提升自身的教学素养。

（四）展开小组合作与竞争

合作学习是历史教学中最灵活的一种学习形式，只要有着共同的学习目标，生生、师生之间便可以展开有效的合作与交流。较为典型的合作形式有分组形式、自由组合辩论、对抗争论等。教师在实际的教学中可以使用积分制来激发学生的竞争意识，以良性竞争来促使学生的学习劲头更为旺盛。同时，教师也要鼓励学生在课堂中展开争辩活动。俗话说得好，"理越辩越明"，辩论不仅可以促进教学目标的达成，还可以唤起学生的主题意识，使他们的学习思维变得更加灵活。

（五）科学分组

科学分组需要遵循三个教学原则：第一，均衡原则。各组员在学习成绩、学习能力、实践能力等方面的水平要旗鼓相当。第二，坚持自愿原则。教师在分组时也要考虑学生的实际意愿，不能将彼此不合拍的学生分在同一组。第三，坚持适时调整的原则。教师应该根据学生的具体情况，调整组员的分工、组员分配等，包括组长、组名、组规、学习目标等。一般情况下，一个小组内部的学生人数应该维持在 4~6 人，如果有部分的合作学习活动并不需要过多的成员，那么教师也可以适当地调整小组人数。

（六）建设小组

分好小组之后，不代表学生就能够展开合作了。要想使学生展开有效的合作与交流，教师还需通过建设小组团队来使小组内部有着较强的凝聚力。

第一，确定组名。在成立科学小组之后，要由组长带头，组员集思广益，根据小组的学习特点，确定一个富有个性、积极向上的组名。被每个小组成员认可并确定的组名可以让学生产生认同感与归属感，这样小组内部的凝聚力就会更强。

第二，确定教室座位。在进行小组合作学习活动时，可以以小组为单位安排教室座位，这种方式的优点有：成员能够时时刻刻感受到团队的存在，能够极大增强集体凝聚力。这可以让教师对各个小组的自学、合作交流等进行宏观调控。每个小组成员之间都可以亲密接触，有利于资源共享，并做到及时交流。小组内的每个成员都要随时随地观察其他组员的学习状态，这有利于实现小组内部互帮互助，共同进步，有利于各个小组展示自己的学习成果。

第三，合理分工。小组的科学组建、合理分工是高效学习的保障。一般情况下，小组成员根据自己的特点进行自愿分工，小组内部要统筹协调，让每个学生都能够为团队贡献自己的力量。

（七）建立合理的合作评价机制

合理的评价机制是保证小组合作教学模式落到实处的重要因素。在合作学习中，教师要充分发挥每个学生的学习潜力，将共同目标与个人目标统一在一起，使学生们自觉地为小组成员的进步做出努力，这些都需要合理的评价机制的推动。合理的评价机制是指将学习过程与学习结果评价结合在一起，将小组集体评价与学生个人评价结合在一起，使学生们意识到合作学习的价值，也让他们开始重视合作学习。一般来说，小组合作中的评价机制包括以下几个方面。

第一，定期评价小组成员的共同学习情况，使学生随时了解本小组的学习进程。

第二，以学生的自学程度、合作学习的参与程度、完成任务的效率与质量等来评价小组的学习行为，使他们认识到一个小组就是一个利益共同体，使他们认识到只有完成了全组的任务，才能够真正实现合作学习。

第三，教师要反思自己的调控能力，并根据反思调整教学内容与教学策略，保证教学质量的稳步提升，也让学生在小组合作活动中重拾学习自信，使他们具备一定的人际交往能力，真正发挥小组合作教学模式的教育优势。

第四节　情境复现教学模式

一、情境复现教学模式的内涵

情境复现教学模式指的是在教学中，教师根据具体的学科特点与学生的认知结构，利用多种教学手段创设具体、形象、生动、感人的情境，让学生在听觉、视觉、感觉等多个方面受到感染，使其产生"如临其境""如见其人""如闻其声""如历其事"的感受。在历史课程中使用情境复现教学模式，就可以在现实与历史之间架起一座桥梁，使学生以一个"历史人"的身份来亲身体验与经历，进而促使他们的认知、情感等得以升华。这种教学模式将学生的智力、知识、非智力因素结合在了一起，是一种相互促进与相互联系的全新教学理念。

历史知识有着既往性的特征，因为历史是人类过去的社会实践活动，人们只能间接认识，没有机会直接体验。那么，对于学生来说，学习历史时难免会产生枯燥、乏味的感觉。这就体现了情境复现教学模式的重要性，因为学生在这种模式下可以直观感知与领悟历史知识，可以大幅缩短历史与现实的时空距离，使得学生仿若置身于具体的历史情境之中，这也能够最大限度地激发学生学习历史的兴趣，使其更好地感知与理解历史中的人和事。

在高校历史课堂中，教师在使用情境复现教学模式的时候，要注意以下四个要求。

第一，符合客观历史史实，这是前提条件。如果所有情景再现都与历史不相符，那么这节课就是彻底失败的。

第二，有利于激发学生探究与本节课主题相关的学习内容。也就是说，要围绕教学内容的主题选材。如果与本节课的主题无关，那么这样的再现就是毫无意义的预设。

第三，有利于学生参与课堂教学的互动。

第四，时间要紧凑，时间太长会淡化其他的教学内容。

一般来说，情境复现教学模式的教学程序可以分为：设定目标，师生准备；创设情境，具体展示；深入情境，情感体验；分析理解，共同探究；归纳评论，总结转化。

二、情境复现教学模式在高校历史课堂中的应用策略

（一）情境复现的教学原则

要想真正落实情境复现教学模式，教师就必须明确这种教学模式需遵循的基本原则。

1. 情境适应原则

情境复现教学模式的基本原则就是教师要为学生设计与创造出恰当的情境。夸美纽斯说过，可以为教师们定下一则金科玉律，在尽可能的范围内，一切事物都应该尽量地放到感官面前。历史情境复现教学模式就是运用多种教学媒体，将具体的历史事件还原给学生，让学生在对情境的把握中展开认知活动。但是，在复现情境的时候，教师必须保证这个情境与学生的知识背景、认知能力等相契合，并且需要将具体的历史概念巧妙地融合在情境之中，这就要求情境要具备适应性。主要可以从两个层面进行理解：情境符合一定的历史内容的需要；情境符合学生的认知水平。如此一来，学生们才可能在情境的引导与带领下主动适应情境，他们的学习兴趣才能被激发出来，以此来使他们的智力思维处于最佳状态。因此，情境信息一定要适量，情境问题的难度要符合学生的"最近发展区"的要求，情境问题要符合学生的探究需要。除此之外，教师还应有目的、有步骤地引导学生进入具体的情境之中，使其主动展开积极的学习活动。

2. 情境激发原则

复现情境的关键就在于想方设法地将学生的情境与情感融合在一起，使学生的情感能被充分激发出来，以此来达到移情作用。情感是与人的意识紧密结合在一起的内心体验，具有强烈的情境性、稳定性与长期性，情感的这个特质表明了教师无法通过灌输法等强制方式来培养学生，只能顺应学生的情感与认知特点，这就需要合理使用具体的史实。情境复现教学模式是指教师通过创设生动的历史情境，使学生置身于历史之中，与具体的历史人物一起思考、活动，使他们的情感能够尽可能地达到一致。因此，适当的情境能够为学生创设一个良好的学习环境，促使他们的潜能不断被激发出来。另外，激发学生的历史情感，使其正确对待历史，也是历史教学的一个重要教学目标。这种非智力因素对学生的整个学习活动与形成健全的人格有着至关重要的作用与意义。

3. 情理统一原则

情境复现教学模式的目的是激发情感与形成认知。因此，情境、情感、理智的统一是情境复现教学模式所追求的最终教学目的。情理统一的原则包括两个部分的内容：一是情境必须体现出一定的历史知识、概念与规律，保证历史事实能够在各种情境之中被学生认识，使其形成历史认知结构；二是教师通过利用情境让学生进入特定的历史角色之中，使学生产生真实的情感，达到情感与认知的统一教学。

（二）组织教学的技巧

情境复现教学模式十分看重学生的观察力、想象力与思维力，它是激发学生产生积极、丰富的情感因素的重要途径。在整个教学组织过程之中，教师应始终秉承着这个教学理念。

1. 复现情境

复现历史情境大致可以分为两种类型。

第一种是实实在在的情境，这是通过教学媒体来创设的。教学媒体一般包括以下几个方面。

（1）实物媒体，如照片、图画、文物。

（2）光学媒体，如幻灯片、投影仪。

（3）音响媒体，如广播、录音。

（4）影视媒体，如电影、录像。

第二种是虚拟的情境，如以角色扮演、戏剧表演、模拟等多种方法来创设的历史情境。不管是哪一种，都是为了反映历史事件的真实面貌。在具体的呈现方式与程序中，教师则需要根据学生的实际情况、具体的教学内容等进行实事求是的设计。

2. 观察想象

对于复现的历史事件，学生需要根据教师的指导，有目的、多层次地进行观察与思考，并在他们的大脑中重新整合新知识与旧知识，再现历史事件的大致面貌，从而与历史人物产生相似的情感。在多次反复的基础上，教师可以指导学生进行比较、分析、综合、判断、推理等，使其认识历史概念。例如，如果教师要指导学生观察北洋水师官兵在黄海战役中的表现，就可以将其与海战前清政府的行为、第二次鸦片战争、中法战争中清政府的政策等进行联系，对清政府的腐败、经济落后、军备废弛等有所了解，由此便可以知道，中国的战败已成定局。

3. 激发情感

激发情感与观察是同步进行的。在情境复现教学模式下，学生是一个历史参与者，与历史人物一起思考。如果是成功的，学生便会喜悦；如果是失败的，他们便会愤恨，所以他们的情感能够很轻易地被激发出来。除此之外，教师还应利用情境发展学生的情感，引导学生主动探究。例如，很多学生在看到邓世昌和全舰官兵毅然决然地冲向"吉野号"，最后中了鱼雷，壮烈牺牲的情景时，教师可以提问："他们为什么要这么做？只有牺牲这一条路吗？"由此，一种保土安民、反抗外来侵略的爱国情感便会油然而生。

4. 情能转化

在组织教学中，复现情景是基础，观察想象是方法，激发情感是动力，迁移情能是目标。情能转化是指将学生在学习中的情感体验转化为智能发展，要达到这种转化，最基本与最有效的方法便是应用。

智能发展一般有三个层次。

（1）掌握，是指学生理解知识。

（2）活动，是指在新的情境学生可以利用所学知识，即学以致用。

（3）创造，是指学生在新情境中利用所学知识具备一定的创新精神。

（三）高校历史教学中情景复现教学模式的教学应用途径

1. 通过课堂情景剧再现历史情景

这种途径适合于对历史事件、历史人物的学习与把握。充分利用大学生乐于实践，喜欢参与表演的特点。在掌握历史事实的基础上，由学生选择他们喜欢的角色进行扮演，课前自行排演，在课堂上以情景剧再现历史的一幕。然后其他学生和老师一起进行点评并讨论。由演出的同学从所扮演角色的立场为出发点来谈他对于这一历史人物和事件的理解与看法。教师力求让尽可能多的学生参与其中，身临其境地去体会历史形势和历史人物的内心感受。

2. 使用实物教具再现历史情景

历史遗留实物最容易引起人的联想与怀古之情。发动师生搜寻与每个历史时段相关的实物，如铜钱、粮票、瓷器、酒器等物，可以是真实物也可以是文物复制品，用于课堂展示分析，更容易把人带到以往的峥嵘岁月中去，历史的见证在手，在教师的讲解声中，往事历历在目，一一浮现在眼前。学生交流参观，辨别真伪，既能增长知识，又可以激起考古考证的热情。

3. 借助多媒体设施再现历史情景

随着科技的发展，多媒体设施在教学中使用越来越普遍。教师授课方式也由以前的一支粉笔一张嘴的传统模式向现在的电化教学模式转变。使用多媒体设施能有效地把音响、电视、电脑、录音、动画、电影等媒介灵活地结合到一块儿，产生声、光、图、影的综合效应，营造出有强烈震撼力的氛围。教师在教学课件中可以加入一些古典的音乐、画作、艺术品的欣赏，也可以播放一些反映历史史实的录像、录音、历史纪录片、历史讲座和一些真实反映历史的影片片段，让学生在萦绕于耳的历史场景中接受历史教育的洗礼。

4. 组织开展课外文娱活动再现历史情景

历史上每个时期都有它具有时代特色的流行的娱乐活动，例如，投壶、马球、蹴鞠、斗鸡、狩猎、下棋、吟诗作对等。有目的地开展一些复古性的文娱活动不仅可以丰富大学生的生活，而且能够营造出良好的历史学习氛围。试想看到一群穿汉服，着古装的青年在做着下棋、投壶、吟诗作对的游戏，不由得会让人产生对历史文化的神往和探究欲。此外，针对全校学生开展古典乐器、绘画、书法等活动的研讨和比赛来再现历史情景能够更好地去传承历史文化。

历史课程有其自身的学科特色。教学内容所涉及的都是曾经真实发生过或存在过的往事变迁、社会生活、人文思想。这些内容都是有根有据，有史书记载，有书画铭器等考古资料证实的。这种特色使它便于以模拟的情景再现到师生面前。学习历史其目的不仅在于掌握祖先遗留下来宝贵的思想文化财富，更重要的是通过了解历史前人经验教训，学会正确地分析问题、思考问题，进而解决新问题。这就要求学生既掌握知识，又具备能力。"情景再现法"历史教学有助于学生理解掌握历史史实，促使学生在合作探究的过程中积极主动地学会思考。"情景再现法"让大学生在历史学习中融入了情感因素。美国心理学家诺尔曼·丹森曾说过，没有情感，日常生活将是一种毫无生气的、缺乏内在价值、缺乏道德意义、空虚乏味而又充满无穷无尽交易的生活。一个真正的人，必须是一个富有情感的人。学习中融入的情感培养了他们的责任感和历史使命感，提高了他们的学习能力。也使得传统的"先掌握知识，再具备能力，后产生情感"的学习过程模式转变为"先产生情感，再具备能力，后掌握知识"模式，实现了掌握知识和增强能力的结合，并增强了学习的趣味性。所以说，在高校历史教学中使用"情景再现法"，更新教学理念，进行课堂改革就显得非常必要。

高校历史教学中的"情景再现法"一改往日的传统教学方式，以各种方式为学生再现历史情景，使学生产生身临其境的感受，对所学史料先产生情感，忘我于历史情景中，再主动进入思考状态，去分析、去评判、去感悟历史史料，学生在不知不觉中提高了历史学习能力和理解能力。以此为基础，便能水到渠成、轻而易举地掌握历史知识。这种教法还能有效提高学生的学习兴趣，推动传统历史文化的传承与发展，值得大力推广和应用。

第五节　信息传递教学模式

一、信息传递教学模式的内涵

要想了解信息传递教学模式的内涵，首先就必须了解信息的含义。

（一）信息的内涵

完整的信息论是人类在对通信的研究过程中逐步形成的一种理论。20世纪中叶，香农首先提出了信息论，并且以概率论为工具，刻画了产生信息的数学模型，并给出了度量信息的数学公式。同时，香农还进一步利用概率论描述了传输信息的过程，也给出了能够表达信息传输能力的容量公式。此外，香农的信息论中还包括一组信息的编码定理，论证了传输信息的基本界限。但是，他的信息论主要放在了通信过程中的信息量度与传输之中，所以也被称为狭义的信息论。近些年来，信息论已经逐步渗透到许多科学领域之中，取得了比较大的成果，一般而言，可以将信息论分为以下三个范畴。

第一，狭义的信息论，也就是通信的数学理论。这种新理论将信息看作是通信的消息，认为信息是人们在通信中所要告知对方的内容。

第二，实用信息论。这实际上是狭义信息论在调制与解调、编码和译码、检测理论等多个领域之中的应用，主要还是在通信等领域之中。在这种信息论下，信息被看作是人们进行运算和处理问题所需要的条件、内容与结果，常常以数字、数据、图表和曲线等形式表现出来。

第三，广义信息论。在这种信息观念下，信息被看作是人类感知的来源，具有一些基本特征：信息源于物质，但不是物质本身，如果人们看到的信息与实物不同，那么是不能进行交易的；信息与能力有着密切联系，但不等同于能力，信息一般是随着时间的变化而不断迁移、扩充、改变的，所以信息具有可增殖性；信息具有知识的秉承性，信息能够向观察者提供事物运动状态的知识；信息可以作用于人类或其他生物，可以被这些观察者所感知、检测、识别、存贮、传递、处理与应用，这也是信息的本质特征。同时，由于信息可以被加工、整理、归纳，所以信息也具有浓缩性。现在人类在处理信息时，可以转换信息的形态，如可以将物质信息转换成语言、文字、图像、图表等，也可以成为计算机的代码、广播、电视等，因此，信息也具备可转换性。按照广义的信息论的定义，可以这样看待信息，信息就是我们在适应外部世界和控制外部世界的过程中，同外部世界进行交换的内容的名称。

通过这些表述，可以这样来描述信息，所谓信息就是关于生活主体同外部客体之间有关情况的通知或情报。主体看到信息后，便加以识别和评价，并采取相应对策以适应外部环境。

（二）教学信息

教学过程本身就是由多种信息组成的，任何一种教学活动中传递的基本内容都是信息，也就是说，教学过程本身也是传递信息的过程。首先，教师可以看到经过某个特定的教学过程之后，学生获得了一部分知识，而教师并未因为教给学生而失去了这些知识，所以教学内容是可分享的。其次，教师在教学过程中，将教学内容传递给学生们，使知道这些内容的人数变多了，这符合信息的可增殖性特征。另外，现在教师在教学中使用的现代化教学手段，如电影、电视、录音、幻灯片都表明教学内容具有可转换性，这也符合信息的特征。通过种种对比可以判断，教学内容本身便是信息，符合广义信息论中的基本特征。因此，用信息传递教学模式来展开教学活动是可行的。

（三）信息传递教学模式

信息传递教学模式是以教师的课堂讲授为主要特点的，认为学生应该在教师的组织与指导下产生认知活动。在这种模式下，学生要想促进认识的发展，就必须接收信息与掌握知识，这就构成了教学活动的主要形态。历史学科的教学内容需要教师首先进行组织，以便在教学中将这些教学信息传递给学生，让学生在教师的指导下进行有效的学习，从而掌握基本的历史知识与技能，提高他们的认知水平与道德水平等。因此，这种教学模式的主要目标是让学生掌握基本的知识、技能与技巧，提高他们的认识能力。

在教学中，教师要做好充分的课前准备，充分发挥教师的教学作用，以此来提高学生接收信息的能力。但是，在这种教学模式下，教师是教学的主体，教师本身是决定教学效果的最重要的因素，教师负责将学习内容加以组织，并通过讲课、阅读、给学生布置任务让他们把所学知识综合起来等形式来传递信息，教师的任务是组织和传授将要学习的内容，而学生最根本的角色就是掌握信息和观点。

二、信息传递教学模式的一般模式

虽然教学内容属于信息，但是并不能直接引用信息论中的分析方法来研究教学中的信息传递，这主要是因为教学过程十分复杂，直接引用信息论中的分析方法并不能真正适应历史教学的需要。教学活动的实际形式十分繁杂，每门学科都有其自身独特的教学内容、教学方法、活动形式。但不管怎样，一切教学活动都需要教师与学生的共同参与，它是学生掌握知识与能力，形成情感、态度与价值观的过程。

从广义上说，教学就是指将多种信息传递给受教者，传递者希望与受教者产生交流与共鸣。教学活动是通过人来进行的，主要的承受者就是教师与学生。因此，要想了解信息传递模式的基本内容，就必须研究教师与学生的地位及作用。

一般来说，教学信息是从教师（教端）出发，经过一系列的调制，通过传递通道传递给学生（受端）的。学生受到教师的调制与信息之后，也需要进行一系列的解调、贮存，然后再利用传递通道向教师提供反馈，如质疑、回答问题，以便让教师深入了解教学活动，也为下一轮的教学做好准备。一般而言，教学是教师与学生面对面的教学过程，即面授教学是指教师通过备课、讲课将一系列的教学信息传授给学生，主要反映在教学内容的语言、文字、手势和表情等信息内容上。如果教师使用直观的教具，还可能会产生视觉、听觉信息。在课堂上，教师要注意组织与编排这些信息，使学生在这些信息的刺激下逐步加深自己的思维认知。

这个教学信息传递模式就构成了一般心理学的理论中所说的刺激与反应循环不断的过程，教师与学生不断根据对方的预期来决定下一轮的思维活动，并且不断修正、加强、补充和解释对方信息中的内容与意义。为了研究教学之中的信息传递，首先要了解的就是信息传递模式中的具体体系。因此，确定信息传递教学模式的组成部分至关重要。从上面的结构图来看，信息传递教学模式主要包括四个要素：教师（信息源）、教学内容（信息）、教学手段与教学媒介（信息通道）、学生（信息接收者）。这四个要素在教学中有其各自的作用与地位，但同时发生在一个整体之中。

第一，教师。教师是教学过程的起源，在信息传递教学模式下，教师起着主导作用，是保证教学活动能否按照规定的目的与内容来进行的基本条件。因此，教师必须在每一轮的教学中明确教学任务，精通自己的专业，熟读教材。同时，教师应该了解学生的学习需要，处理好教材、教学手段、学生之间的相互关系，并且要善于根据自己的特点来发挥自身的特长。教师的主要任务是将自己已经掌握的信息传递给本班学生，他们在知与不知的关系中处于主导地位。例如，在一次教学活动之中，必须有一个人以口头或书面的形式发起这项活动，他所传递的信息都是建立在他的经验与知识结构的基础上的，也就是通过教师的专业素养与教学水平来实现的。同时，教师在阐述与解释信息的时的心理状态、兴趣、需要、感情稳定度、社会文化标准、教学技巧等都会影响他所教授的信息的意义，也会影响信息传递的最终结果。

第二，信息。教学内容是教学的主要因素，因此，教师必须选择与编排合理的教学内容，并且保证这些信息的可传递性。按照信息论的观点，信息必须经过变换才能够被更多的人接受。如果教师想要促使学生进行学习，那么他就必须促使教学信息处于良好的组织和结构状态中，并且为了教学选择合适的教学内容，以便以学生理解的方式讲述这些信息。然后，教师要在多种教学工具的辅助下，重新加工与整理这些教学信息，将这些信息转变成文字、语言等形式，对此进行讲解与传授。在整个教学过程中，教师也会根据教学反馈，在进一步的阐明需要中更改这些信息的形式。变换后的信息必须是一些对教师与学生有共同意义的符号。因此，这种变换十分重要。

第三，教学手段。这是连接教师与学生的信息通道，是教师有效传递信息，学生有效接收信息，提高教学效率的基本保障，也是实现教学的工具。因此，教学手段是教育中的基本因素之一。在选择教学手段的时候，教师要考虑不同的教学内容所需要的教学手段，因为某些信息的形成是深受教学手段的影响的。例如，对于部分历史知识来说，如果教师只让学生阅读文字，那么学生会觉得这些信息十分枯燥且十分遥远。但是，如果教师可以利用视频的方式让学生学习，所得到的教学效果便会截然不同。因此，在实际的教学中，教师采用哪种手段就显得至关重要。另外，教师也要考虑哪种教学方式更能够促进学生领会这些知识。也就是说，在选择一种教学手段的时候，教师要考虑学生的知识水平与信息性质。

第四，学生。学生是接收信息与解释信息的主体。学生只有积极、主动地参与教学活动，才能够促进信息的转化。因此，学生必须具备接受与加工信息的能力，他们必须能够利用学过的知识与自身的生活经验，通过教师对信息的各种变换，重新解析与掌握这些信息。如果学生学不好历史，那么便是信息的传输遇到了问题，教师所发出的各种信号无法被学生感知，所以导致了信息中断。另外，教师需要明白，如果想有效传递信息，就必须保证信息能像教师最初期望的那样被获取，否则就不能算作是有效的教学。

在整个教学活动中，教师必须实现最优化的教学控制，充分把握教学中的反馈信息，保证信息的顺畅传输，使得整个教学活动处于动态平衡之中，也以此来保证教学效果。另外，随着教育的发展与改革，现代化的教学理论正在成为教育科学的基本构成部分，也正在逐步成为教育科学研究的方法论。正因如此，信息传递教学模式也将会变得更加科学化与系统化，人们对教学过程的认识也会变得越来越全面与严谨。因此，每个教师都应该继续研究这种基本的教学模式。

第三章 高校历史课程教学方法与策略的运用

第一节 高校历史课程教学方法的运用

一、历史教学方法的内涵

方法是指向特定目标、受特定内容制约的有结构的规则体系。"方法"这一概念至少有三个基本规定。

（一）方法受特定价值观的制约，旨在实现特定的目标

方法不是价值中立的、放之四海皆准的，而是受特定价值观的制约并体现特定的价值观；同时，方法是人根据特定目标、为了实现特定目标而制定的操作系统和步骤，所以方法具有指向性。

（二）方法受特定内容的制约

黑格尔说，方法是关于内容的内部的自我运动形式的意识。内容决定方法，方法受内容制约。

（三）方法是具有结构的规则体系

方法受特定目标的指引，受特定内容的制约，是基于对目标与内容的认识和理解的操作规范，所以它是有计划、有系统、有结构的。

教学方法是由教学方式与学习方式运用协调一致的效果决定的，也可有多角度的内涵界定，例如，有人认为，教学方法是指大多数教师能

够充分加以运用并适合多学科反复使用的教学步骤或程序。[①] 也有人认为，教学方法是为促进学生学习，教师组织班级全体成员分别向每一个学生提出意见及使用其教学手段的各种方法。[②] 可以看出，教学方法是为教学目的服务的，教学方法具有可操作性，有一整套的程式或方式，它是能满足教学目的的一切方式方法的总和。具体到历史课程，历史教学方法是指向历史教学目标、受历史教学内容制约、在历史教学过程中为师生所共同遵循的教与学的操作规范和步骤。它是引导、调节历史教学过程的规范体系。

二、历史教学方法的类型及运用

教学方法是教师指导和帮助学生学习的方法，从不同维度可做不同的类型区分，并且，每种类型的教学方法都具有各自的操作步骤与运用特点。

（一）历史教学方法的类型

一般来说，历史教学方法主要包括讲述法、讲解法、谈话法、图示法、讨论法、史料研习法、角色扮演法。倘若将历史课堂讲授与历史课堂活动加以区分，历史课堂讲授的基本方法包括讲述法、讲解法、讲读法、谈话法、图示法、演示法、板书法。历史课堂活动的主要方法包括讨论法、史料研习法、角色扮演法、竞赛法、制作法。

当然，历史课堂教学中的主体是教师与学生，如果按照主体因素的构成进行区分，又可具体划分为以下几种。

第一，以教为主的教学方法，包括讲授法（讲述法、讲解法、概述法）、图示法、史料研习法。

第二，以学为主的教学方法，包括自主学习、合作学习、探究

---

① 鱼得海，东岳. 浅议互动教学模式的构建方法与运用 [J]. 体育世界（学术版），2019（10）：114，120.

② 李富贵. 论教学方法的创新意义——案例教学价值分析 [J]. 价值工程，2012（24）：266－267.

学习。

第三，教与学并重的教学方法，包括讨论法、谈话法、角色扮演法。

需要强调的是，以上划分都仅是从某一维度或标准进行的，在历史课堂中，这些方法的运用却是综合并相互渗透的。

（二）历史教学方法的运用

教学方法是教学得以开展的基本条件，是实现课堂教学目标的基本途径，其运用需要结合每种教学方法的特点及具体情况进行。

1. 讲授法的运用

讲授法是指以教师为主导，由教师以口述语言向学生传授历史知识的教学方法。此方法运用过程中，教师系统地、有组织地用语言传授特定的历史内容，达成预设的教学目标，而学生则尽可能地、完整无误地接受教师所传授的历史知识。讲授法是历史教学中最主要的教学方法。虽然现在出现了许多新的教学方法和手段，但这些方法、手段都需要和讲授法相结合。讲授法是历史教学中既经济可靠，又最为常用的教学方法。在历史课堂教学中，讲授法又可分为讲述、讲解、讲读等不同形式。

（1）讲授法运用的基本步骤

步骤 1：准备阶段。

①制定明确的目标，拟定向学生传授的特定历史教学内容。

②将要讲授的内容要点加以整理，循序渐进、由浅入深地呈现主题内容。

③分析学生的总体特点。

步骤 2：讲授的实施。

①按照提纲所罗列的内容逐条讲授，尽可能地带有启发性，与学生原有的知识基础相联系。

②讲授要按照历史时空、事件及历史人物的特点进行，例如，依据

历史事件发生的先后顺序、发展过程以及历史人物的主要活动等。

③涉及历史事件的讲述要尽可能体现其系统性、典型性，尽可能选取代表性情节。

④对于次要内容，扼要地概括讲述，用以勾勒出历史的全貌和发展线索。

（2）讲授法运用须知

①讲授法运用的前提是假定所讲授的历史知识是有价值的和值得传授的。

②教师需尽可能深入地掌握、理解所讲授的内容，对学生的相关知识背景也要有一定了解。

③讲授时，要注意语言的简洁和清晰度，尽可能有感染力。

④合理地调整讲授时间，适当地与其他教学方法相结合。

⑤讲授法经济、省时，宜于传递较抽象的历史知识，但较易使学生养成被动的学习习惯，不易激发其创造性思维。

2. 演示法的运用

演示法是指教师通过历史地图、图像、简表、实物等手段展示，促使学生掌握某一历史信息、概念或深化对某一历史问题认识的教学方法。涉及的因素主要包括由教师亲自演示；演示的内容多为关于某一历史事件、人物或历史问题的内容信息；学生主要从观察中学习。演示法按照其演示手段的不同，可分为地图演示、图像演示、简表演示、实物演示等。

（1）演示法运用的基本步骤

步骤1：演示准备。

①向学生介绍演示主题，告诉学生具体观察什么，注意什么，同时提出一些启发性问题。

②讲解演示中涉及的相关知识。让学生在观察演示前对演示主题能有基本的认识，以便在观察时能把握重点，有所依循。

步骤 2：进行演示。

①适时把握演示时机。对于历史地图，可边讲述边演示；对于历史图像，可适当地运用描述或说明；对于历史人物图像，要描之以形，传之以神；对于历史事件图像，要描之以景，传之以事；对于没有文字介绍的教材插图，可做扼要说明。

②演示历史地图要注意由简到繁，由局部到整体；演示历史简表或实物要做到重点突出，主题明确。

③演示历史地图要注意讲清重要地名的历史变迁。

④注意演示观察与相关的结论信息相印证。

（2）演示法运用须知

①演示准备阶段，要将演示的内容与对象、演示的基本步骤以及相关材料预先设计好，把握演示的位置与出示时机。

②实施演示阶段，要注意演示步骤，演示讲解要简洁明确。

③此类演示方法可为学生提供观察学习的机会，创造多层面的信息交流与能力发展的机会，但要注意演示时间的分配及内容的协调。

3. 史料研习法的运用

史料研习法是指师生共同对历史资料进行探讨研究的教学方法，也称史料教学法。史料研习法依据研习史料提出问题，强调引导学生通过解决问题，从而掌握历史知识，形成能力，培养相应的价值观与思维品质。

（1）史料研习法运用的基本步骤

①根据教学重点或难点，选定史料研习主题。

②选择相关的历史资料，可以是第一手史料，也可以是第二手史料，利用适宜的教学时机提供给学生。

③组织学生根据研习主题对材料进行辨别、分析与比较。

④史料研习活动可与讨论的活动结合在一起进行。

（2）史料研习法运用须知

①史料研习可以培养学生分析、获取历史信息的能力。

②能激发学生的问题意识，培养学生多方面、多层次的能力。

③在史料研习中，选择的材料要恰当，教师指导要到位。

4. 讨论法的运用

讨论法是在教师的组织和引导下，学生通过语言交流，从而达到预期教学目标的一种教学方法。与讲授法相比，讨论法能使学生更多地参与学习过程，对问题进行较为深入的探讨，提出各自不同的观点与见解。讨论法按照课堂讨论的组织形式，可分为对谈式的讨论、群体式的讨论与分组式的讨论。

（1）讨论法运用的基本步骤

①确定讨论目标，选择讨论内容。

②根据需要合理分组，明确讨论形式。

③组织实施讨论，最后概括总结。

（2）讨论法运用须知

①有关历史问题的讨论一般多用于对历史事件的因果分析、对事件和人物的评论。

②讨论的问题应是学习的重点或难点。

③要善于鼓励学生主动发言，围绕问题探讨，并把讨论引向深入。

④要注意讨论时间的调控，善于与其他教学方法协调配合。

⑤讨论做总结时，既要对讨论结果进行适当的评价，又要对讨论过程学生的表现如材料的运用、观点的提出、表达的技巧等进行方法上的总结。

5. 谈话法的运用

谈话法是指教师与学生在课堂上运用对话、问答的方法，其特征在于教师根据已有的知识和经验，围绕学习的重点内容提出问题，启发学生思考，引导学生获得有效的历史信息。按照谈话性质，可分为启发性谈话、概括性谈话、巩固性谈话、考查性谈话等。

（1）谈话法运用的基本步骤

①根据教学目标与内容，确定谈话主题。

②提炼谈话内容中的问题。

③采用合适的谈话方式，围绕谈话内容与目标进行。

④对谈话结果做适当总结。

（2）谈话法运用须知

①不要过度地提复杂或模棱两可的问题。

②要事先构思问题答案的范围与多种可能性，在学生没有进行思考或探索问题时，不要提供正确的答案。

③不要把提问作为为难学生或惩罚学生的方式。

④谈话要侧重对问题的探究。

6. 角色扮演法的运用

角色扮演法是指学生在教师的指导下，根据教学内容中的人物要求扮演相应角色，通过角色扮演活动，加强对教学内容的理解和掌握的教学方法。历史课堂中的角色扮演旨在营造一种与历史情境相似的状况，以调动学生的学习积极性，发挥学生的想象力，使学生体验历史的真实情感。

（1）角色扮演法运用的基本步骤

角色扮演法的步骤，可参照下列模式进行。

①使小组活跃起来。确定或引出问题；使问题明确、具体；解释问题所表现出的故事，探讨故事中的冲突；说明所要扮演的角色。

②挑选参与者。分析角色；挑选角色扮演者。

③布置舞台。划定表演的行动路线；再次说明所要扮演的角色；深入问题的情境中去。

④观察者的准备。说明要注意些什么；指明观察任务。

⑤表演。

⑥讨论与评价。回顾角色扮演的过程，讨论扮演中存在的问题及所揭示的问题；设计下次表演。

⑦再次表演。扮演修正过的角色；提出以后的行动步骤。

⑧讨论与评价。同第六步。

⑨共享经验与概括。把问题情境与现实经验、现行问题联系起来探索行为的一般原则。

（2）角色扮演法运用须知

①教师要预先选择主题，确定基本构想，建立要模拟的历史情境。

②要事先与学生一起讨论"剧本"和角色分配，并帮助学生对每个角色的表演进行准备，如研究相关材料、编写台词等。

③可充分调动学生的积极性，让学生自行设计场景、情节、对白等。

④角色扮演富有感染力，能促进学生的成长与发展，但难度较大，需要做好准备与调控。

7. 自主学习的运用

自主学习是一种主动学习、独立学习，也是一种元认知监控学习。其特征包括：一是对自己学习活动的事先计划和安排；二是对自己实际学习活动的检查、评价和反馈；三是对自己的学习活动进行调节、修正和控制。

（1）自主学习运用的基本步骤

在我国，体现自主学习方式的课堂教学模式有很多，例如，尝试教学模式、自学辅导教学模式等。罗杰斯在非指导性教学中将自主学习分为五个阶段，即确定辅助情境阶段、探索问题阶段、发展学生洞察力阶段、规划和决策阶段、整合阶段。将以上阶段转化为课堂教学行为，可分为以下几个步骤。

①认真组织教材，便于学生自学。

②提出问题，激发学生的学习动机。

③提供可选择的各种学习条件、情境和目标。

④允许学生自己确立各种学习目标、计划和内容。

⑤分组教学，学生共同学习，互助互学。

⑥让学生自我评价学习成果。

（2）自主学习运用须知

①要提供适宜的课堂环境。

②提供合适的学习材料，便于学生自主学习，可对教材进行个性化处理，如简略化教材、结构化教材等。

③采用多种指导方式，鼓励学生参与课堂管理。

④自主学习有一定难度，教学结构较松散，不便于在实际教学中大规模使用。

8. 合作学习的运用

合作学习是一种以个体或群体之间相互合作为展开形式的学习方式，其特点在于：强调共同目标，为共同完成某一学习目标而合作；强调合作个体之间的相互配合与协调；强调个体目标与群体目标的同一性。

（1）合作学习运用的基本步骤

①合作学习要有明确目标。

②合作学习要有示范、指导。

③合作学习要有小组协作分工、交流与探讨。

④合作学习要有评价。

（2）合作学习运用须知

①合作学习的理论基础涉及交往教学论、群体动力论、合作教育学等，其学习过程中的合作、交流具有重要价值。

②合作学习要选择适宜的学习任务，为学生留下充足的学习时间。

③合作学习能够培养学生的合作意识、集体观念以及多渠道获取信息的能力。但是，合作学习的实施需要教师做好充分准备，教师自身也需要较高的组织技巧。

9. 探究学习的运用

探究学习是新课程倡导的一种学习方式。此种学习方式的特点在于学生学习主动，能有兴趣、有信心、有责任感地探索和解决问题，并在探究的过程中获取知识、发展技能、培养能力。

（1）探究学习运用的基本步骤

①提出问题，创设问题情境。包括：产生兴趣；构建现有知识；结合过去的经验，确定几个可能调查的方面。需要解决的问题是：我们要解决什么问题？我们为什么要探讨它？我们对问题已经有了哪些了解？

②决定探究方向。包括：广泛搜集有关问题；辨别并提炼出主要问题；选取中心问题。需要解决的问题是：我们能做什么样的预测与假设？怎样解释它？应以什么为中心展开研究？

③收集并整理资料。包括：通过各种途径、形式收集数据资料；组织和提供数据；通过分类形成或修正问题；比较、讨论问题。需要解决的问题是：我们能用什么样的信息？如何对信息进行分类？根据什么样的标准？能发现什么联系？得出什么结论？

④学习者推测、得出结论。包括：解释获得的信息；形成并修正判断。需要解决的问题是：我们得出了什么结论？这些结论与我们的预测与假说有哪些异同点？

（2）探究学习运用须知

①探究学习的理论基础是发现学习理论与建构学习理论，要发挥学生的主动性，关注学生的个体差异。

②探究学习需要让学生拥有更多时间体验探究过程，要注重为学生提供相关的支持条件。

③要重视学生的发现与反思，关注学生的探究体验与感受。

④注重教师自身的指导作用。

三、历史教学方法的综合性选择

每种教学方法都有各自的具体特点及优缺点，教学方法本身也无优劣之分。在历史课堂中，选择哪种教学方法最合适，还要综合地考虑各种影响因素，主要包括以下方面。

第一，分析教学内容。内容决定方法，教学内容是影响教学方法选择的重要因素，对教学内容的分析涉及宏观的整体的教材内容知识体系、微观的教学知识点以及比较集中的教学内容的重点和难点。上述三方面的内容分析可为教学方法的选择打下较扎实的基础。

第二，确定课堂教学目标。教学目标是教学活动的指南与出发点，课堂教学目标决定了课堂教学活动究竟要采取哪些方法与方式。具体而言，教学目标的类型与层次不同，所选择的教学方法也应有所差异。例如，对知识的理解与巩固可采取讲授法或演示法等；为训练学生的表达、合作等能力，可采取谈话法、讨论法等。

第三，依托教师自身的教学素质与学生的认知特点。一方面，教学方法要适合教师自身的教学素养，这是教学方法选择的主观条件。任何教师都具有各自的教育教学观念、教学研究能力、语言表达能力等方面的个性特点，教学方法的选择需要考虑这些因素。只有教师具备这方面的素养，教学方法的选择才能扬长避短。另一方面，教学方法的选择还要考虑学生的认知特点及接受水平。学生处于不同年级，其知识基础、认知水平、能力特点、个性兴趣等都存在差异。只有了解了学生的基本特征，才能选择更适宜的教学方法。

第四，了解教学环境和条件。教学环境和条件主要包括教学媒体条件、教学空间条件、教学时间条件等。在现代信息条件下，教学媒体条件越来越先进，新的教学媒体层出不穷，功能越来越丰富，教学方法的选择需要考虑：教学媒体是否适合特定的教学内容，教学媒体是否适合学习者的智力水平与知识基础，教学媒体是否经济便利，等等。教学方法的选择还要考虑教学空间与时间条件，例如，讨论法、谈话法需要较多的时间，合作学习需要的教学空间较大，在选择教学方法时有必要考虑这些影响因素。

事实上，一堂历史课通常会综合地运用多种教学方法。各种教学方法的选择都是各种具体情况共同作用的结果。教师需要对各种教学方法进行整合，将教师的教法与学生的学法结合起来，将多种教学方法结合使用。

第二节　高校历史课程教学策略的运用

一、何谓历史教学策略

教学策略是教学设计的重要组成部分。关于教学策略，教学理论界对其有很多界定，有人认为，教学策略是教师在教学过程中，为达到一定的教学目标而采取的相对系统的行为。也有人认为，教学策略是在特定的教学情境中，为实现教学目标而做出的并在实施过程中不断调适、优化，以使教学效果趋于最佳的系统决策与设计。还有人认为，教学策略是为了达成教学目的、完成教学任务，在对教学活动清晰认识的基础上对教学活动进行调节和控制的一系列执行过程。

上述界定既有明显分歧，又呈现出一定共性。分歧表现：有的将教学策略视为综合性方案与系统行为，有的将其视为决策与设计，有的将其视为执行过程等。共性体现：教学策略有一定的目标，是在特定教学情境下为完成特定教学任务而产生的，包括教学方法的选择、材料的组织以及对师生行为的规范等。当然，也有观点将教学策略做动态、静态的划分，认为教学策略具有动态的教学活动维度和静态的内容构成维度，并主张从对教学的动态谋划、研究过程、活动以及由此而形成的静态措施、方案来认识教学策略的内涵。

在历史教学设计中，教学策略显然更侧重教学方法选择、材料组织及师生行为规范的目标性与情境性，并更进一步契合特定历史学科内容的内在逻辑展开与整合。教学策略的选择与设计要更适应学生的历史学习心理，对应特定的历史情境，更能灵活地开发历史教学资源，从而为更好地达成历史教学目标提供保障。

二、历史教学策略的主要特征与运用

教学策略与教学方法、教学资源、教学模式都有密切关系。历史教学策略的实质在于对丰富多样的教学方法、教学资源乃至教学模式进行合理的选择和优化，有针对性地提升教学质量。历史教学策略不仅是一种预定的设计，它还是一种在变动中形成的对决策结果的反映。

（一）历史教学策略的主要特征

1. 综合性

在历史课堂中，教学策略是对特定情境中的教学内容、教学方法、教学目标等因素整体性地加以考虑，将它们的结构与功能进行整合。教学策略的目的在于通过对上述要素的选择与调控来提高教学效果，具体表现：在历史教学策略的设计上，要综合地考虑制约或影响策略设计的各种因素，从对教学目标的把握到对学情分析、教学内容的理解等都要从整体上进行设计。同时，针对特定范围、情境中的具体教学方法或措施等，要进行综合性的调适与优化，不仅重视教师"教"的教学策略，而且要重视学生"学"的学习策略，以实现综合优化中的系统性整体效果。

2. 可操作性

历史教学策略的根本任务是解决历史课堂中的具体问题。对教师来说，由历史教学策略产生的教学步骤或操作方案能够转化为教师的具体教学行为，从而有助于教学问题的解决与教学活动的展开；对学生而言，历史教学策略中所使用的具体方法、技术或实施措施能够转化为学生的有效学习行为，这些都具有可操作性的特征。

3. 灵活性

历史课堂中的情境是复杂的。教学策略的多样性、教学情境的差异性决定了教学问题的解决需要根据具体情况，灵活地选择教学策略。在历史课堂中，教学策略没有唯一固定的范式，它需要根据情境的变化而变化。一方面，教师需要根据不同的教学目标，参照具体的学情，选择适宜的教学内容、教学媒体、教学方法等，灵活地将其组合起来；另一方面，教学策略在具体实施的过程中，需要根据具体的教学情境对具体的教学策略进行变通，具体问题具体分析。

（二）历史教学策略的运用

历史教学策略涵盖教师的教学策略和学生的学习策略，体现在实际课堂操作上是历史教学方法的灵活运用。历史教学方法针对特定的历史情境与问题，以达成特定的教学目标。历史教学策略强调方法的灵活运用，是对历史教学方法的超越。"教学有法，但教无定法"，在一定程度上说明了教学策略的意义。"无定法"强调没有固定不变的、包治百病的处方，需要针对具体的历史情境而运用不同的历史教学方法。

历史教学策略的结构由外化的方法系统和内化的监控系统两部分组成。历史教学策略更突出情境与问题、具体目标的指向性，其运用是在"目标—选择—反省—新情境—调整"的反复过程中不断展开，这个过程中的教学策略并非主观随意的，而是始终指向一定目标的。历史教学策略的运用，第一，要针对特定的目标，树立明确的教学理念；第二，要树立完整的观点，随着教学进程、环节及具体情况的变化，要注意教学策略要素的协调与整合；第三，历史教学策略要坚持以学生的自主学习为主，通过采用各种有效的形式去调动学生学习的积极性、主动性和独立性；第四，历史教学策略的运用要在运用中有所变化，有所创造，关注教学策略在复杂教学过程中的多样化配合与变通运用。

三、合作学习策略的有效实施

从理论上讲，合作学习能够改善传统教学中师生之间的单向交流，拓展学生获取课堂知识的信息来源，提高学生认知的广度、理解的深度、推理的质量、记忆的精确性，锻炼学生的语言表达、同伴协作能力。然而，在教学实践中，绝大多数课例中的合作学习不仅未能达成上述目标，反而常常流于形式，合作学习实施"泛化""走过场"。如何使历史课堂中的合作学习得以有效实施？

（一）合作学习要有明确目标

合作学习是围绕一定教学目标进行的。在历史课堂中，合作学习的教学目标一般包括两个层次：一是学术性目标，包括认知目标和情意目标。学术性目标必须根据学生的整体水平而定，还要与教学任务和教学水平相符；二是社交技能目标。[①] 在上述两个层次的目标中，社交技能目标是依托学术性目标的达成过程而得以体现的。换言之，合作学习实质上是学生的预想、观点与其他参与者不同意义的理解相碰撞、整合与

———

① 蒋波，谭顶良. 论有效合作学习的内在机制 [J]. 中国教育学刊，2011（06）：33—36.

— 66 —

相融以解决问题的过程,聚焦问题或明确任务是合作学习的逻辑出发点。在历史课堂中,若要进行合作学习,第一步要做的就是根据整堂课的教学目标、学习内容以及学生的认知水平,确立合作学习的共同目标。

(二)合作学习要有适当示范、指导

合作学习有明确的学习指向,并不意味着合作学习就能有效地进行下去。鉴于合作学习以参与者独特的个体学习经验为前提,参与个体要最大限度地揭示和呈现解决问题的有效信息,以供合作集体交流、探讨,学生个体能否呈献有效信息就至关重要。在历史课堂中,合作学习要有适当的方法示范,以便学生模仿、迁移。具体的示范操作可根据合作学习的内容性质,并结合合作学习的任务指向而采取不同的示范途径;或以旧引新,针对学生已有的知识经验,对合作学习内容进行加工、改组和概括,把具体的感性材料抽象、概括到具有规律性的认识方向上来;或通过比较,将合作学习不同部分的内容性质、特征揭示出来;或通过类比,先抽取合作学习内容中的典型部分,对其进行分析、总结后,再进行其他部分内容的合作探讨。

(三)合作学习要有协商、探讨与建构

合作学习是一种建设性的学习活动,其学习活动中的知识建构是显性知识和隐性知识之间不断互动和螺旋上升、量变到质变的过程。从其内在的知识建构过程来看,合作性知识建构过程要经历两个阶段:第一,静静思考阶段;第二,合作性联合建构阶段。而合作性联合建构阶段必须有合作学习成员之间的协商、探讨与建构。

合作学习的协商、探讨有助于拓展学生的认知视角,提升其认知水平。学生通常能将教师的语言转化为彼此间的语言,因为他们通常比教师更清楚学生对什么内容不理解,更能关注到问题的有关特征,并给学生容易理解的解释。给予学生细心的帮助,可以鼓励教师改组和阐述学习内容,以便其填补理解的缺口,拓展新的观点,建构更为精细的知

识。合作学习的研究表明，那些给予和得到精细解释的学生比那些仅仅给予和得到正确答案的学生学得更好。当然，若使合作学习取得以上效果，还要以其协商、探讨的有效组织与实施为前提。协商、探讨对知识建构的"精制"机制包括联合建构性添加（在部分观念上把新观念与其他人的观念关联起来）、更正（用简单、无偏见的陈述更正某人的陈述），或者是辩证交换（不同意先前的陈述并提出抗辩），而其加工性商讨在于企图抓住合作者产生的深层贡献，而不是仅仅重复表达一个人已经说过的东西，当发言人的陈述被听者当作要加工的输入时，一个陈述就被视为加工性商讨，发言人的输入被用于修改听者的心理模型或部分加入听者的知识库。据此可知，协商、探讨的关键在于合作学习成员之间能否形成联合建构性添加、辩证交换或合作者产生的深层贡献能否在协商者之间引发共鸣。在此过程中，教师的创造性集中体现在：将学生的探讨内容转化为具有潜在意义的问题，形成"磁力场"，吸引学生协商、探讨；通过对探讨信息的有效重组、合理整合，形成连续不断的兴奋点，促进协商与探讨的不断深入。

（四）合作学习要有评价

合作学习的实施效果取决于教师对合作学习理念与方法的理解与把握。合作学习是基于学生自主的、合作协商与互动对话的发展性学习活动，其深层的协商建构与持续性的对话拓展需要以合作学习对学习质量、效果的不断提升为前提，由此，合作学习过程中也渗透着评价。

合作学习的评价主要聚焦于学生，可分为增值性评价与相对性评价。增值性评价注重学生的纵向发展，体现于其自身水平的进步；相对性评价注重学生之间的横向比较，主要采用相互比较的方式，用于体现不同学生之间的效率差异。两种评价方式相结合，可通过自我比较与他人比较，使学生了解自身的学习成效，发挥合作学习的发展性功能。

合作学习中的每个学生都有机会发表自己的看法，倾听他人的观点，也有机会与他人互动而提升自己的人际交往技能。聚焦于学生的评价内容是多维的，合作学习评价既可关注学生在合作活动中的角色参与、活动方式、交往程度等社交技能方面的因素，也可考察其学习态度、学业成绩、情感认同等学术性方面的因素。不过，鉴于合作学习的社交技能目标要依托其学术性目标的达成过程来体现，合作学习评价就要以学术性目标为基础，兼顾相对性评价的同时，注重学生自身的增值性评价。

需要指出的是，合作学习评价更重要的价值在于诊断。合作学习过程中渗透着丰富的信息，其中既有学生的兴趣、情感与态度，也有其思维的方式、策略与认知水平，还有其与同伴交流的手段、技巧等。合作学习评价要综合考虑上述因素，对其中存在的问题做出诊断，以促使合作学习的不断深入与拓展。

四、研究性教学模式在高校历史教学中的运用

随着素质教育的全面推行，教师在高校历史学科的教学模式发展进程中面临着机遇的同时也承担着一定的压力。教师要不断创新教学内容和教学手段，这样一来，各种新型的教学模式得到了初步的尝试，研究性教学模式就是其中较为重要且具有实践意义的一种。

（一）高校历史教学中运用研究性教学模式的必要性

研究型教学模式是在发挥教师的"领路人"作用的前提下充分激发学生自主学习和自主思考的能力，因此，高校历史教学中运用研究性教学模式有着极大的必要性。

1. 高校历史教学中运用研究性教学模式是素质教育的必然要求

素质教育全面推行的目标就是不断培养学生自主学习、自主思考和协同合作的能力，从而加深对知识的理解，更全面地掌握知识内容。研究性教学模式正是通过学生自主选择并确立课题内容，广泛收集各类与课题相关的信息资料，对遇到的问题独立思考，并最终通过合作交流的

方式得到解决。这种教学模式将课堂上的学习内容与课外的实践调研充分结合起来,使传统的被动地接受知识内容转变为学生主动进行研究和探索,这就使学生对于知识的消化吸收更加充分,从而也使学习效率能够得到很大程度的提高。

2. 高校历史教学中运用研究性教学模式是教育"以人为本"的充分体现

当前我国各个高校开展教学活动的主要目的就是全面提高学生的综合素质,努力培养社会需求的复合型人才。通过教育活动的开展将学生外在的对于知识的理解和把握升华为其内在的思想品质,为学生健全人格的塑造和各项能力的提升奠定坚实的基础。高校历史教学过程中最为重要的目标就是养成学生良好的学习习惯和培养学生自主学习的兴趣和能力,这在一定程度上来讲也是对传统教育模式的变革,也是"以人为本"教学理念的充分体现。着眼于"人"的教育和对学生人文品质的培养是研究性教学模式的一个重要内容。

(二)研究性教学模式在高校历史教学中的运用

1. 教师要充分注重教学方案设计的科学性与合理性

教学方案是教师开展教学活动的指导和依据,研究性教学模式虽然注重对学生自主学习能力的培养,但仍然需要科学合理的教学方案作为支撑。要想使研究性教学模式在实际的教学过程中取得较好的效果,教师在安排设计教案时要切实从学生个性特点这一实际出发,有针对性地设计更为科学合理的教学方案。教案的设计要有特点,要根据适当的问题引出教学内容,这样才能激起学生学习的主动性,让学生愿意投入师生之间的互动交流中来,这对于历史课堂有效性的建设提高也将会是十分有利的。

2. 教师在充分发挥引导作用的同时还要加强与学生的交流互动

教师在历史教学过程中只是"引路人",学生才是学习的主体。教师在充分发挥引导作用的同时还要加强与学生的交流互动。同时，教师还可以采用分组学习讨论的方式增进学生之间的相互学习、取长补短。教师要及时了解学生遇到的问题，有针对性地进行解惑，这样不仅能加深学生的印象，也充分实现了教学的互动性。

3. 教师要注重自身教学水平与综合素质的提升

推进研究性教学模式在历史教学活动中的运用，教师要首先掌握其中的方法和奥秘，才能达到预期的效果。这就要求教师要注重自身教学水平与综合素质的提升，使教学内容和教学方法都能够得到不同程度的创新，以自身的实际行动发挥模范带头作用，这样才能做到言传身教，同时这也有利于营造尊师重教的文化氛围。

总之，要想最大限度地实现高校历史课堂的高效性，就要引入研究性教学模式这种新型的教学方法来提高学生学习的自主性和积极性，开展师生之间的交流互动，使学生对于历史知识的把握更加扎实。教师要特别注意将课堂教学与实践相结合，营造良好的教学氛围，引导学生开阔思路、积极思考，为培养社会需要的复合型高素质人才奠定坚实的基础。

五、借助影视资源进行教学

影视作为一种重要的信息载体，已经影响到人们生活的方方面面，包括古老的历史学科。高校历史教师应该认识到，凡是对实现课程目标有利的因素都是课程资源。历史影音资料包括图片、照片、录音、录像和历史题材的影视作品等。充分利用历史影像资源有利于培养学生学习历史的兴趣和历史理解能力。高校历史专业学生相对中小学学生，知识理论储备深厚、社会阅历丰富、理解能力较强，同时没有升学的压力，时间上也有充分的保证，所以在高校历史教学中运用影视资源大有空间。

（一）高校历史教学影视资源的分类和甄别

高校历史教学中可以利用的影视资源有很多，按照拍摄手法可以将其分为历史纪录片，在众多的影视资料中，选择适合的内容引入到课程中，对教师提出了挑战和要求。除以历史上真实的人物和事件为原型的历史正剧外，更多的影视剧是以历史为背景讲述虚构的故事，真实性大打折扣。即便是通常意义上认为客观的纪录片，在制片人搜集大量资料并且选择如何组织和舍取这些资料的时候，已经加入了制片人的主观意识。作为历史教师应该在科学观的指导下，紧紧围绕教学目的，精心选择资源，并教会学生客观合理地分析历史影视资源。

（二）高校历史教学影视资源的应用

1. 在课堂教学中运用影视资源

根据需要，教师可以在课堂的导课时，讲授较难理解的内容时，结课时运用截取的影视资源。如在讲授鸦片战争时就可以把电影《鸦片战争》中林则徐虎门销烟的恢宏场景截取出来作为导课的素材。讲授西安事变时，可以针对如何处理被扣押的蒋介石这个难点，从电影《西安事变》中找到这部分内容，让学生比较直观地理解为什么中国共产党当时会选择放掉蒋介石。通过影视资源学生能够清楚地看到当时国际国内的大背景以及国内错综复杂的关系，深刻理解共产党当时的选择是最明智的。这种效果远远比老师抽象的介绍更能让学生加深理解。在结课时也可以用影视资源，如在学完平型关大捷后，放电影《太行山上》中八路军总司令朱德的讲话来结课，不仅会使学生真切地感受到抗战期间中国军队顽强抗敌、血肉筑长城的坚强意志，而且还能使学生在这种浓重的气氛中升华了感情，形成了热爱祖国、热爱中华民族的爱国精神。

2. 应用影视课进行历史教学

即教师利用一定的课堂时间来播放整部电影、一个完整的专题讲座或者纪录片。如在讲完《历史时期中国疆域的变迁》后，教师可以安排专门时间播放历史地理学界泰斗、复旦大学博士生导师葛剑雄教授的视频讲座《中国历史疆域的变迁》，通过两个小时的观看学生可以了解到课本的编排是按照方位来讲疆域变迁，而葛教授是从中国历代疆域变迁的角度来阐释的，从另外一个层面理清了思路，同时其高瞻远瞩、深入浅出的学术风格也会给学生留下深刻的印象。教师在运用影视资源教学时不能把自己定位在放映员的角色上，要充分地发挥教师的主导作用和学生的主体作用，在观看影视之前向学生提出问题：影片的时代背景、主要的历史人物和情节；影片要向观众传达什么样的观点和立场；你对影片中的历史人物事件、立场观点是怎样理解的；哪个片段最值得你注意，这个片段是如何改变你对历史人物、事件、现象的理解的；影片在历史真相方面达到了什么程度，在哪些方面又偏离了历史真相。提出问题后，学生就不会仅仅以娱乐的态度来欣赏电影，而是带着主动性和目的性去思考问题，这样也能提高教学效率。在影视结束后教师也不能草草结束课堂，要带着学生一起去分析、评价，当然这对于教师和学生都是一个新的挑战。

（三）高校历史教学影视资源应用的成效

1. 提高了学生学习历史的兴趣

古老的金字塔屹立于遥远的埃及、伟大的秦皇汉武长眠于地下，过去性是历史学科最重要的特征之一。由于远离现实，它无法像化学、物理等自然学科那样，通过试验让学生再一次经历和感知，更不用说一些错综复杂的制度，千头万绪的事件，学生只能通过前人留下的资料去想象、理解和认知历史。影视资源的介入改变了这一状况，影视资料可以通过现代化的信息处理技术最大限度地复原历史原貌，使学生"闻其声，见其形，临其境"，学生们就可以跟随摄影镜头，穿越时空隧道，身临其境地感受那段历史。

2. 对学生进行了很好的思想感情教育和价值观教育

历史课程教学不仅要着眼于历史知识的解构，更要注重学生公民基本素质的培养，关注学生健全人格的培育，强调人格因素的协调发展。现代教学更强调：以人为本、善待生命、关注人类命运的人文主义精神。

3. 提高了学生的信息素养

它是全球信息化需要人们具备的一种基本能力。它包括能够判断什么时候需要信息，并且懂得如何去获取信息，如何去评价和有效利用所需的信息。未来社会是一个信息高速化同时鱼龙混杂的时代，可以说谁能驾驭信息和利用信息谁就拥有了成功的机会。多一份信息，就多一份意外的收获。历史教学中除了在传统的信息来源图书、杂志以外加入网络、影视的资源，不仅可以帮助学生了解掌握信息的通道，学会收集信息、分辨信息、处理信息、传递信息的，而且可以提高学生的信息素养。

（四）高校历史教学影视资源应用的反思

1. 影视资源的甄别要注重科学性和教育性

作为一种不断趋于大众化的教学资源，历史影视资源越来越多地出现在历史课堂上。作为一种历史材料、教学资源，为了区别它的大众性和娱乐性，教师应该首先对其进行甄别，弄清楚这种类型的资源是如何、何时以及为何产生的，分析其有效性和可靠性，以及是否可以进入课堂[①]。当影视作为一种教育资源进入历史教学时，教师教给学生的不仅是欣赏、接受，更要教会学生去思考。通过历史影视教学可以提高学生的影评鉴赏能力，深化学生对"历史—现实—电影"之间关系的认识。因此，教学中所应用的影视资源应遵循科学性、教育性、趣味性，始终围绕教学目标为优化教学过程、提高教学效率服务。

2. 使用影视资源时应注意突出师生的主体性和互动性

在历史学科中引进影视资源其优点不言而喻，教学中教师应该时刻清楚教师和学生是教学过程中的双主体，影视资源在教学中只是起辅助作用。在资源的选用加工、教学设计、引导组织方面要充分发挥教师的

---

① 司冬梅. 历史教学中影视资料的选择和运用 ［J］. 南阳师范学院学报，2010（4）：92－94.

主体能动性，将影视资源和传统资源、现代教学手段和传统教学手段相容互补。同时要秉承"一切为了学生、为了一切学生、为了学生的一切"的原则，把学生放在根本、重要的位置，把学生看作是积极的富有思想和创造精神的人，在教学中考虑学生的兴趣爱好、接受程度，充分调动学生参与影视教学的整个过程。在教学中通过讨论、提问、学生评价等多种师生交流、生生交流的手段，真正提高历史课堂的教学效率。

3. 影视资源在应用过程中的整合性和共享性

正如历史资源是丰富的，历史教学相关的影视资源也是广泛的。大量的影视资料为教师提供了教学资源的同时，也为教师的资源甄别提出了更高的要求。面对浩如烟海的资源，进行资料库建设这个浩大繁杂的工程是必须的，然而个人力量是有限的，可以集整个学校或者教研组的人力物力财力来集中进行开发。可以通过购买或者下载等多种方式进行收集，然后根据教学的需要进行分类整理形成专题资料库，如可以建立"中国历史影视资源""世界历史影视资源"两个一级文件夹，在各自文件夹下可再建立分文件夹，在"中国历史"下面按照时间顺序建立"中国古代影视资源""中国近代影视资源""中国现当代影视资源"二级文件夹，在"中国古代影视资源"二级文件资源下再设立三级文件夹："电影""电视剧""纪录片""电视专题节目""讲座"，当然以此类推，如果下一级文件较多的话，可以继续分类按照历史朝代进行归档。每当获得一份新的影视资源时，可根据内容进行相应的归档。资源库一旦建立，就会在很大程度上节约教师搜索和下载的时间和精力，不仅能够满足教师备课、教科研活动的需求，也为学生在课外进行研究提供了较好的条件，所以资源库一旦建成，就要充分发挥其共享性，满足校园内和校际的需求，使其成为校园文化的重要组成部分。

影视资源随着信息技术革命的浪潮走进历史教学，成为不可避免的趋势。在应用过程中，必须承认如其他新的科学技术一样，它是一把双刃剑，关键在于谁去用，怎么去用，在应用中反思，在反思中改进。影视资源因其形式的多样化、信息的海量化，决定了在将来的教学研究中，它将成为不可忽视的一个课题。

六、培养学生创新思维

创新是国家综合国力提升的不竭动力，是民族发展与进步的源泉。随着创新思维、创新能力日益成为衡量人才的重要标准，我国高等院校作为人才培养的主阵地，广大高校教师更应肩负起时代所赋予的培养学生创新思维的责任，不断提升自身能力，改善原有的知识传授方法，为树立学生创新精神，激发学生创新意识，培养学生创新思维，提升学生创新能力而不断提高自身技能，努力成为创新型人才培养的工程师。

历史学是人文类基础学科中的重要科目，传统史学注重宏大历史事件与精英群体的书写，而随着史学研究的发展，越来越多的学者主张以微观视角研究历史，通过对个案的研究以深化对历史事件的认识。因此，在高校历史教学中，如何突破学生固有的思维定式，培养学生创新研究思维，提升学生科研创新能力则成为历史教育者不可回避的重要问题。只有真正提升学生的科研创新精神，促使学生形成创新的科研思维才能使其在历史的学习与研究过程中形成新的视角，对人类社会发展的历史有更加全面与深入的认识和理解。

（一）高校历史教师培养学生创新思维的意义

1. 帮助学生提升个人素质与能力的必要条件

创新成为衡量人才素质的标准之一，是伴随着科学技术的飞速发展而来的，它一方面体现了社会对于人才的要求，另一方面也成为提升个人在社会中竞争力的重要砝码。随着近年来人才综合素质的提高，基本的知识储备，已不能满足科研进步，企业发展的要求，市场与学术界对创新人才的渴望达到了前所未有的高度。高校传统历史课堂在传授史实知识的同时似乎更应该注重历史研究创新思维的培养，而创新思维则是创新意识的灵魂，也是提高创造力最根本的智力保障。培养史学的创新思维，不仅是史学研究方法创新重要的推动力，更是以史为鉴，突显史学的现实关怀与现实意义的重要保证，让学生真正做到史以载道，学以致用。创新思维的形成需要一定的知识积累，但同时要意识到创新思维同样可以提高知识的总量，只有具备了创新思维，提高了对事物的认知能力，才能在追寻新知识的道路上不断前进。创新可以促进知识的增长，也只有具备创新思维的人才会使自身头脑始终保持新鲜知识的输入，与时俱进，甚至走在时代的前列。

在高校历史课堂上，高校教师只有通过具体途径提高培养学生创新思维的技能，才能不断帮助学生打破思维定式，以更广阔的视野和更丰富的角度去思考问题，探究原理，实现创新。

2. 肩负起时代赋予的责任，努力推动社会的发展

知识经济的时代，各国之间综合国力的竞争越来越体现在人才的竞争上，而当今社会人才最突出的竞争力则是自身所具备的创新素质。科技水平的提高与经济的快速发展，对人才创新能力的要求越来越高，创新力也被提到了极高的高度。高校教师是授予人才知识，培养创新型人才的主力军。近年来，国家对高校创新型人才培养不断提出了更高的要求和期望，因此，高校教师更应该严格要求自己，努力提高培养学生创新思维的技能，只有这样才符合时代发展的需求，授人以鱼不如授人以渔，高校历史教师在传授知识的同时，更应注重学生创新思维与创新能力的培养。

（二）高校历史教师培养学生创新思维的原则

1. 自我表率，强化创新教育观

强调教师的表率作用在我国有着悠久的历史，《后汉书》中就有"身教胜于言教"这一表述，而《北齐书》中的"为人师表"一说作为对教师道德修养规范的提出更是影响至今。清代著名教育学家王夫之在总结了自己数十年的教学基础上提出了"欲明人者先自明"的育人经验。所以，教师作为高校教育中最核心的力量首先应该树立创新教育

观，在科研和教学中不断提高自身的创新能力，积极参加学术交流，了解和掌握本领域先进的科研信息，扩展自己的研究与教学思路。同时发挥教师的表率性作用，开发学生的潜能，让学生重视创新思维在自身成才过程中的重要地位，鼓励并引导学生创新思维的形成。

2. 转变知识授予方式，培养学生创新思维

课堂是高校教师知识传授的主要场所，也是培养学生创新思维的重要阵地。因此，高校教师要提高培养学生创新思维的技能，就应该从课堂教学中转变知识授予的方式做起，从而有效地激发学生的创新思维。高校教师要利用先进的教学设备，在知识传授过程中注重学生的自主性，培养学生独立思考，独立科研的精神，启发式的引导学生获取知识探求真理。同时，还应增强教师同学生的互动，以及学生与学生的互动，增加学生课下自主学习，课上积极讨论的氛围，让学生在讨论与思考中获取新的知识，探索新的领域。此外，在课堂上，高校教师除了本专业知识的传授外，还要启发学生进行跨学科跨领域的思考，拓展学生学习与研究思路。这就同时对高校教师应具备的综合知识、素质与相应的授课技能提出了更高的要求。

3. 在实践中总结创新思维培养的经验，提高学生创新思维水平

创新能力的提高是创新思维培养的重要目的之一。而只有在实践中才能将创新思维应用到实际，有效提升学生的创新能力。高校教师也只有在实践中才能正确审视与检验自身创新思维培养的成果。高校教师应多组织创新实践活动，鼓励学生多参加国内外创新型比赛，扩展学生的视野，增加学生的创新实践能力。同时，在平时的科研工作中，应对学生采取激励机制，鼓励学生在科研中发挥自身优势，独立的完成科研任务，对学生进行个性化指导，提高学生在科研过程独立解决问题的能力。同时举办创新大赛，对表现突出的学生进行奖励。营造健康良好的校园创新环境，确保高校创新教育走上科学化、制度化的轨道。高校教

师应开动脑筋，在肯定与鼓励的环境下，引导学生形成创新思维，在实践中，总结自身在培养学生创新思维的方面的经验，完善创新教育教学过程。

（三）高校历史教师培养学生创新思维的具体途径

1. 增强口述历史教学实践

口述历史的历史记录方式有很久的历史。随着科技的发展，口述史的记录方式也早由文字笔录发展到了有声录音与影像录影等方式。传统的史料收集通常是对档案、报刊及书籍的整理。而口述史教学则能帮助学生拓宽视野，开阔学生资料搜集的思路。同时在资料搜集的过程中，也能够增加学生的参与感，提高学生对历史学习的兴趣。在口述资料搜集的过程中，通过教师的指导，能够启发学生思考，开阔学生思维。同时，学生可在教师的引导下进行口述资料的准备工作，口述资料的收集工作，以及之后的史料筛选工作，有利于培养学生的逻辑思考能力，应变能力，团队合作能力，创新思维能力。让学生在整个实践的过程中体会史学研究的严谨。区别于传统课堂讲授式的教学方式，口述史的教学实践让学生走向课外，开拓了学生在史料运用于史料搜集等方面的视野，培养了学生的实践能力与创新思维。

2. 注重体验式教学模式的实践

体验式教学方法是对传统的讲授式教学方法的一个重大突破，它强调学生在认知、行为与情感三方面的体验，在重塑历史的过程中，激发学生的创新思维。历史作为人文基础类的一个重要学科，强调扎实的史实功底，注重对历史知识的熟练掌握。对真实历史感知则更能激发学生探究历史的动力与历史学习的兴趣。高校历史教师可以通过展示真实历史图片或反映历史现实的漫画、宣传画等方式，让学生直观地感知真实的历史事件及其社会影响。这种方式有利于增强学生的课堂兴趣，加深学生的记忆点，进而引发思考。在近现代史课程上，文学、音乐作品则是反映时代特征的重要成果。歌词与文学作品中细节的描写为我们重塑

20世纪革命与救亡的图景提供了重要的素材。注重体验式教学，也暗合了史学研究中"叙述主义"的历史哲学转向，通过对历史细节的勾勒与再现，让学生仿佛深入历史事件的内部，全方位的对历史身临其境地进行感知，在对历史思考的过程中促进创新思维的培养。

当创新日益成为市场需求、科研深入、社会发展所需求的人才必备素质时，高校教师所肩负的创新型人才培养的责任则更具备时代所赋予的重大意义。创新人才培养，是我国高等院校深入教育教学改革的一个战略性选择。高校教师只有不断提高自身培养学生创新思维的技能，才能使我国建立一支高水平创新型人才队伍。也只有这样，无数的创新型人才才能在辛勤园丁的培育下，走向祖国的各个行业，成为实现中华民族伟大复兴的中坚力量。

第四章　高校学生历史思维能力的培养

第一节　历史思维能力概述

一、什么是历史思维能力

（一）思维

在心理学和哲学领域，思维的定义是不同的。《辞海》是这样解释思维的。

1. 思维指理性认识，是人脑对客观事物能动的、间接的、概括的反映

思维由两部分组成，即逻辑思维和形象思维。人们通常所说的思维指的是逻辑思维。逻辑思维是建立在社会实践的基础上的。认识的真正任务在于经过感觉而到达思维。语言是思维的工具；概念、判断、推理等是思维的形式；抽象、归纳、演绎、分析与综合等是思维的方法。

2. 与"存在"相对，指意识、精神

从上面的释义我们能够看出，第一种释义是站在心理学的角度，第二种释义是站在哲学的角度。本书说的思维是站在心理学的角度，是人类一种高级的认识活动，更加侧重对信息的加工和整合，对问题的分析、思考和判断以及对事物发展规律的把握。

（二）历史思维

武守志认为，历史需要思维，这是不言而喻的。没有历史思维便没

有史学。史学作为历史的解释、再解释，正是一种历史认识。历史认识过程或者说历史解释系统的生成过程，同时也是一种特殊的思维过程。朱尔澄认为，如果学生在思维大学习，并且也在学习思维，用这种方法学习的学生能更有效地掌握课堂内外的知识。从上面的表述可以看出，学生在学习历史的过程中，历史思维有着很重要的作用。学生历史思维能力的培养与历史课堂教学的成败有着直接的关系。那么，到底什么是历史思维呢？目前，史学界也没有给出统一定义。苏联学者莱纳认为，历史思维是运用已成为个人认识方法和历史观核心的历史唯物主义原理，去分析和解释社会现象的一种素养。历史思维不完全是针对过去历史的，它还运用历史的观点反映现代生活、现代生活的矛盾和现代生活的各种具体表现，并从特定联系的体系中考察它们的发生和发展。朱尔澄认为，历史思维就其内涵来说，是以历史知识为材料的思维；就其外延来说，指善于用历史唯物主义观点鉴古知今，预见未来，并能从历史的角度进行审美的能力。白月桥认为，历史思维概念的本质就是依据历史资料，生动、完整、具体地再现逝去的历史。其内涵是由社会历史的客观对象所规定的，它要如实形象地再现历史的本来面貌；历史思维又是一种科学的态度和方法，它是看待社会历史的态度，是认识历史的方法。辩证唯物主义和历史唯物主义是认识社会和自然的普遍适用的世界观和方法论。历史思维就是在辩证唯物主义和历史唯物主义基本原理指导下，确立的历史学科和历史教学的特殊思维形式和具体的方法论。叶小兵认为，历史思维，就是以历史材料为依据，运用马克思主义的立场、观点和方法，去认识解决历史问题及现实问题的思维活动。历史思维由于是认识过去和现在的智力活动，所以不仅要遵循历史唯物主义的方法论原理，而且还要有保证认识的具体方法。例如，要从历史事实出发，要把问题提到一定的历史范围之内进行具体分析，要用阶级分析的方法考察阶级社会中个人和集团的活动等，以及对历史材料的搜集、整理、鉴别、选择等方面的操作方法，都是进行历史思维所必需的。于友西等认为，历史思维是一种从全方位考察社会历史问题的思维，它是多角度、多侧面、多层次的整体思维。

（三）历史思维能力

赵恒烈先生认为历史思维和历史思维能力是两回事，他指出，历史思维是一般的思维活动和历史学科所特有的历史思维活动的专门融合，是以辩证唯物主义和历史唯物主义为指导的，用以认识过去、现在并预见未来的智力活动。所谓历史思维能力，是人们用以再认或再现历史事实，解释和理解历史现象，把握历史发展进程，分析和评价历史客体的一种素养。它是一种历史的认识活动。乔丽萍认为，历史思维能力是历史教育培养的独具的一种思维能力，具有解决历史问题的"应用"特征。它是指以具体的尽可能完整的历史材料为依据，运用马克思主义的立场、观点和方法，即辩证唯物主义和历史唯物主义，科学准确地解释历史现象，分析历史事件，评价历史人物，认识和把握历史发展的一般规律，以史鉴今，回答和解决社会现实问题的能力。宋小圆在她的研究中将历史思维和历史思维能力区别开来，认为历史思维指的应是以历史现象和历史材料为依据，运用一定的世界观和历史观，以历史的角度分析问题的思维活动，主要指思维的观念和方法，是历史思维能力的核心和高级形式。历史思维能力是指以历史现象和历史材料为依据，以科学的世界观和方法论对社会历史进行认识，从而揭示和把握历史本质及发展规律的能力；从全面的和辩证的、发展的和联系的、具体的和综合的角度来考察历史和现实的问题，从而提出问题、分析问题并解决问题的能力。

尽管学界对于历史思维能力没有一个统一的定论，但是有一点是达成共识的，即历史思维能力的核心包括两点：初步的了解往事的基本方法——搜集、甄别、整理史料和提取信息的技能；基本的思考往事的能力——分析和综合运用史料，理解、解释与评价历史及其相关问题的能力。

二、历史思维能力的要求

培养学生的历史思维能力需要经过一个从低级到高级，并且不断向前推进的过程，从横向来看，历史思维能力的培养可以概括为四个层次：第一个层次，获取和解读史料的能力；第二个层次，分析、评价、比较历史现象、历史事件的能力；第三个层次，论证和探讨问题的能力；第四个层次，把握历史发展规律、预测事物发展方向的能力。综合起来，历史思维能力的要求就是：获取和解读信息的能力、调动和运用知识的能力、描述和阐释事物的能力、论证和探讨问题的能力。教师要根据不同问题的呈现形式，灵活地运用教学方法，有针对性地培养学生的历史思维能力。

三、历史思维能力的类型

（一）历史形象思维能力

在科学的思维方式中，历史思维由运用概念进行判断、推理的抽象思维（逻辑思维），运用直观形象、表象进行想象、联想、分析、综合等加工的形象思维。历史形象思维能力作为一种认识客体的重要思维形式，是对历史情境进行再现的能力。过去性和不可再现性是历史的特点，因此增添了历史课堂教学的难度。但是，我们可以通过传世的史料对历史进行认识。图片、文字、图表、文物、遗址、影音等都是史料存在的形式，教师可以借助它们再现历史。也就是说，教师基于这些史料重构相应的历史时空，使学生获得历史的形象化图景，并运用形象思维能力使已经消失的历史事件和历史任务再现在脑海里。历史形象思维能力是人们认识、重构、获取历史事实的重要方式。例如，在讲到鸦片战争的时候，为了使学生能够全面、细致地了解鸦片战争的经过，教师可以借助多媒体进行教学，利用动态地图和影视资料生动、形象地展示鸦片战争的经过，帮助学生理解所学内容，以此锻炼学生的历史形象思维能力。

（二）历史逻辑思维能力

逻辑思维指的是运用分析、综合、比较、概括、归纳、演绎等方法来揭示事物本质和规律的一种思维方式。它是历史思维能力的核心和基础。无论是哪个历史事件，它的产生一定有原因和结果。也就是我们经常说的，有因必有果。有的时候，不一定就是一个原因对应一种结果，而是多种结果。在分析历史事件产生的原因时，教师要培养学生的逻辑思维能力。例如，在分析第一次工业革命产生的原因时，学生通过深层次的逻辑分析能够知道是资产阶级革命为英国的工业革命提供了根本保障。社会稳定、市场需求不断扩大等导致了英国工业革命的产生。学生通过运用历史逻辑思维能力，能够分析出历史结论、总结规律，为更好地理解历史打下良好的基础。

（三）历史创造性思维能力

随着经济和社会的不断发展，具有创新能力已经成为当代社会对人才的一种硬性要求。创新意识已经成为一个国家综合国力的象征，历史教学也要紧随时代发展的步伐，培养学生的创造性思维。创造性思维是人类所独有的，它是思维的最高形态，是比一般逻辑思维更高能级的思维形式。创造思维的本质特征是突破，也即开拓和创新。历史创造性思维能力的培养难度要高于其他历史思维能力培养的难度。它既要求学生能够在已有知识的基础上，进行独立的思考，又要求学生善于分析问题、解决问题，从而得出新的历史认知结论。那么，如何来培养学生的历史创造性思维能力呢？教师除了可以让学生在自主学习史料的过程中形成自己的观点和认识以外，还可以发挥学生的主体地位，采用问题式教学法、讨论式教学法等引导学生运用所学的历史知识进行思考，得出结论。

（四）历史批判性思维能力

当前，自主学习、小组合作学习、探究式学习的教学理念越来越多地被应用在高校历史的课堂教学中。探究指的是让学生探索未知的历史，对已有的历史具有批判的精神。所谓批判性思维，是指对学习对象的真理性和价值观做出自己的判断。大学生有比较独立的思维和人格，在历史教学中，教师要注意培养学生的批判性思维。学生历史批判性思维能力的培养既要求教师和学生转变传统观念，又要求教师转变传统的教学模式，发挥学生的主体地位，让学生有机会和有勇气发表不同的意见。

四、历史思维与学生成长成才间的联系

（一）历史思维能够坚定成长成才的信心

生于和平年代的大学生若以其关照自己，更能明白学习时间的宝贵，更能克服一切困难勇往直前。在青年大学生的成长成才路上，也会遇到成功、失败与暂时的挫折，因此青年大学生要养成历史思维，学会运用历史思维中的联系、对比等方法论，直面和接纳自我的不足，并加以努力完善，将其人生理想和目标不断细化落实，方可得到理想的结果。

（二）历史思维能够妥善处理成长成才路上的挫折

历史上大到民族、国家，小至个人的发展，都不是一帆风顺的，从历史中汲取历史思维的力量，能够让我们辩证地看待挫折与失败。① 在中国近代的新民主主义革命中，革命队伍从无到有，从少到多，从弱到强，但始终可以根据中国的实际情况，不断调整军事战略和组织策略，最终取得了革命胜利，建立了新中国。正如青年大学生在成长成才路上，遇到困难时也要辩证看待其是一种磨炼，因此需要将其视为暂时的、有益的、正常的动态发展过程，从而更好地面对。

（三）历史思维能够指明正确的发展方向

历史思维能够在反思事物发展变化的深层次的原因时，指明事物正

---

① 王义桅，江洋. 论习近平总书记的历史思维 [J]. 前线，2022（2）：9—13.

确的发展方向。[①] 历史思维教会青年大学生要多角度看待问题，未来社会的发展是众多因素影响的，因此学生要理性看待周边及社会发生的问题。

第二节　历史思维能力培养原则

一、主体性原则

主体性原则指的是在课堂教学中，教师是教学的主导者，学生是教学的主体。在教师的主导下，课堂教学要以学生为中心，引导他们主动探索知识、主动发现问题，对所学知识进行有意义的建构。根据学习目标，学生可以自主选择学习内容，探索解决问题的方法，自我调控学习过程，对学习结果进行总结。与此同时，教师要善于创设适宜学习的情境，给予他们自由选择的空间，激发他们的学习兴趣，以平等、尊重、信任的态度对待每一位学生。教师要尊重学生的个体差异，鼓励他们有独到的见解，培养他们的创新意识和批判思维。教师在组织教学活动的时候，要保证每位学生都能够参与其中，让他们在合作、讨论、交流中获得成就感，体会到学习的快乐。教师要精心选择教学内容，通过创设丰富的历史情境，引导学生进行探究式学习，鼓励他们积极思考、积极讨论，激发学生的学习热情，培养他们的历史思维。教师在设计教学的时候，要结合学生的特点，采用灵活多样的教学方式，组织各种教学活动，如参观、调查、演讲、辩论等，以研究性报告、调查报告、历史小论文等形式呈现学习成果。例如，当讲到全球经济一体化时，教师可以组织一场辩论赛，让学生对经济全球一体化的利弊展开辩论，在观点碰撞中激发学生更多的灵感，提高他们对事物的认识能力。教师在辩论结

---

① 胡佳翼. 习近平的历史思维及其时代价值研究 [D]. 南充：西华师范大学，2022：7-9.

束的时候对各方观点进行总结，加深学生对经济全球化的理解。这样的教学活动既发挥了学生的主体作用，又激发了他们的学习兴趣，开阔了视野，使学生能够形成正确的世界观、人生观、价值观。在教学中，教师要确立学生的主体地位，积极加以引导，活动设计要融知识性、趣味性、科学性、思想性于一体，让学生在活动中培养逻辑思维能力、辩证思维能力、批判性思维能力；让学生意识到历史思维能力的培养对自己思维的发展的重要性，并积极主动地培养和提高自己的思维能力；要鼓励学生在学习中积极思考，勇于创新，努力探索适合自身特点的历史思维方式。

二、发展性原则

从历史自身的发展趋势来看，它具有发展性的特点。所谓发展，就不是同一事物的简单重复，而是新事物的不断产生，旧事物的不断灭亡。历史是不断向前发展的，因此教师在培养学生历史思维能力的时候要坚持发展性原则。我们要以动态的、发展的视角来分析历史事件和历史人物，将其放在整个历史发展进程中进行综合的考量。例如，在学习鸦片战争的时候，我们要从战争发生的原因、进程、结果、失败的原因、影响等方面进行纵向把握，从而形成对鸦片战争的完整认识。在评价王安石这个历史人物时，我们要从他生活的时代背景、做了什么事、对历史产生了怎样的影响等方面进行探究。也就是在辩证唯物主义和历史唯物主义的指导下，将历史事件、历史人物放在其所处的时代背景下，客观全面地分析和评价。我们要用动态的、发展的思维来分析问题，在变化发展的历史进程中理解个性、认识共性，探求历史发展的本质和规律。

三、量力性原则

基于苏联心理学家维果斯基的"最近发展区"理论和美国心理学家奥苏贝尔提出的"影响学习的唯一最重要的因素，就是学习者已经知道了什么"，历史思维能力的培养要与学生知识和能力的发展水平相适应，一定要量力而行，切勿急于求成。教师在进行教学前，一定要了解学生的知识储备情况和思维发展的水平，从而设计出能够引发学生思考的有针对性的问题，不断深化他们的思维。例如，在对洋务运动进行评价之前，教师要先和学生一起探究洋务运动的背景、时间、目的、内容等相关历史知识。只有对洋务运动的相关内容有了了解，学生才能够对其进行评价。因此，在教学开始之前，教师一定要对学情展开调查，了解学生的知识储备、思维状况，使教学的难易程度、内容的多少让大多数学生在经过努力后能够接受得了。这样，不仅不会造成学生负担过重，又可以促进他们增长知识、发展智能、提升思维。

四、史论统一原则

科学性和思想性的统一是历史学科的一大特点，强调论从史出，史论结合。在教学中，教师不仅要帮助学生掌握基本的历史事实、历史概念，还要引导他们用历史唯物主义的观点和方法对历史问题进行分析，从而得出正确的结论。教师要培养学生解放思想、实事求是，坚持真理、修正错误的科学态度和品格，做到史论统一。

五、因材施教原则

因材施教原则要求教师在培养学生历史思维能力的过程中尊重学生的个体差异，也就是要处理好集体教学和个别教学、统一要求和发展学生个性的对立统一的关系。例如，在课堂教学结束的时候，根据学生能力上的差异，教师可以给他们布置不同难度的作业，以加深对所学知识的理解和巩固。教师可以向基础好的学生推荐一些与教学内容相关的课外读物，针对某一历史问题进行深入的研究，并尝试撰写历史小论文；对于学习基础不牢固的学生，教师可以给他们布置一些与教材内容相关的问题，使他们在掌握基础知识的同时，不断提升解决问题的能力，激发他们学习历史的兴趣，帮助他们树立信心。因此，在平时的教学中，教师要根据学生的发展水平，采用不同的教学策略，促进学生更好地发展。

第三节　历史思维能力培养途径

一、培养学生的形象思维能力

历史是描述性的学科，人物的活动、事件的进程、历史的场面理当用生动具体的形象表现出来。如何培养学生的历史形象思维能力，调动他们学习历史的积极性呢？需要教师尽可能地还原历史现象，可以从以下几个方面入手。

（一）积累丰富的历史资料

丰富翔实的历史资料既是历史研究的基础，又是教师教学的有效素材。教师掌握了翔实的历史资料以后，便可以运用生动的语言技巧，在课堂上旁征博引，为学生提供形象生动的历史素材，激发他们学习历史的热情和积极性。因为历史学科具有特殊性，所以只要教师用心，历史资料还是比较好找的。例如，在讲授新中国成立以来所取得的伟大成就时，教师可以找来当时的一些报刊文章和图片吸引学生的注意力，帮助他们构建形象思维。教师在历史教学中灵活运用历史资料，如文字、图片、漫画等，既能够丰富教学内容，又能够使课堂教学变得生动形象，还能够调动学生学习的积极性和求知欲，有利于培养学生的历史逻辑思维能力，达到满意的教学效果。

（二）创设历史情境

要想提高历史课堂的趣味性和生动性，教师就要尽可能地还原历史现象，让历史重演。大量的教学实践表明，创设历史情境能够帮助学生建立形象思维，提高他们的学习兴趣。创设教学情境的方法有很多，主要有以下三种。

1. 课文辅助系统

目前，高校历史教材的课文辅助系统的内容非常丰富，特色突出。因此，教师可以充分地利用课文辅助系统，特别是图片系统、史料系统、导入系统创设历史情境。通过图片的运用，能够将文字描述的脉络梳理清楚，便于学生掌握所学知识。

2. 多媒体教学手段

随着信息技术的不断发展，多媒体教学已经走进了我国大部分的学校。将多媒体教学手段应用在历史课堂教学中，能够为学生创设更多的历史情境。例如，在讲授中国近现代社会生活的变迁时，教师可以为学生播放视频资料《百年潮·中国梦》。其中有一段是描述了我国从改革开放以来，在经济、社会、文化等方面取得的成就。通过图片、文字、视频的融合，能够使学生从心底里升起一股中国崛起的自豪感。

3. 当地史料资源

有科学研究表明，单靠视觉学习记忆率为 27%，单靠听觉学习记忆率为 16%，如果视、听觉结合并用，学习记忆率可达 66%。以上数据表明，如果把视听结合起来能取得更好的效果。无论是互联网资源，还是图书资料，都不如身临其境给人带来的感受。因此，教师要通过挖掘当地的乡土资源，充分利用博物馆、展览馆等场所的馆藏资源，使学生加深对历史史实的理解，获得更直接更生动的体验。

二、培养学生的逻辑思维能力

（一）联系法

在中国的历史中，有许多知识、文化传统、思想都是绵绵不绝的。因此，我们在学习历史的时候，要深入挖掘历史知识之间的内在逻辑联系。例如，在讲到第一次工业革命时，一定要讲它对人类文明的影响。这时，教师就要让学生思考第一次工业革命对我国的影响。联系法很容易使学生产生共鸣，他们在讨论中不仅锻炼了创新思维，同时对他们的情感价值观也是一次教育。

（二）比较法

历史教学中的比较可分为纵比和横比两大类。纵比指的是以同一个历史事件的各个发展阶段的比较，也可以对具有内在联系的历史事件在各个阶段的发展进行比较。纵向比较即古今对比，横向比较即中外比较。

（三）课堂讨论

在教学中，围绕一定的教学目标，采取一定的形式，如将学生分成若干个小组，组织他们进行有计划、有目的的讨论，以凸显学生的主体地位，活跃并扩展他们的思维，增强学生之间的互动交流，从而加深对知识的理解，培养他们的创新思维。例如，在组织学生讨论决定战争胜负的关键性因素是什么时，教师可以先讲出自己的观点，然后引导学生进行讨论。在讨论的过程中，有的学生认为装备是决定战争胜负的关键性因素，尤其是在现代化的战争中。而有的学生则反对这一观点，认为无论装备有多先进都得由人来控制，要有高素质的军队。

三、培养学生的创造性思维能力

（一）激发学生兴趣，营造创新氛围

兴趣是创造性思维的先导，有了兴趣，学生才会主动去发现问题，进而去探究问题。教师是激发学生学习兴趣的决定性因素。从课堂教学上讲，通过精心设计课堂提问，开展多种形式的讨论，激发学生的兴趣，激活学生的思维，是培养学生创造性思维的重要手段；从教学层面上讲，教师在课堂教学中要加强和学生的沟通交流，发挥学生的主体作用，采用现代化的教学手段，教学语言生动有趣，吸引学生对历史的兴趣。

（二）启发质疑，开拓学生创新思维

有质疑才会有创新。在历史教学中，教师通过启发质疑，引导学生进行思考，鼓励他们多向思考、一题多问，挖掘学生内在潜力，从而培养他们的创新思维能力。

（三）双向互动，巧设创新探索机会

一堂成功的历史课需要教师和学生进行双向互动。通过引导学生，让他们利用所学知识进行分析、总结，这样课堂效率提高了，学生阅读、分析、归纳等综合能力也提升了。因此，为了激发学生思维，让他们主动参与教学活动，教师应该提出难易适度的问题，交给他们分析问题、解决问题的方法，使学生通过积极的思考达到理想的教学效果。

总而言之，创新意识的培养，要确立以人为本、以人的发展为终极目的的教育理念，从历史学科的特点出发，将教育的着力点放在挖掘学生的潜在能力上，不断寻求培养学生创造思维能力的方法和途径。

四、培养学生的历史思辨能力

（一）以历史思维引领历史教学

历史思维养成的基础是教师和学生都要掌握基本的历史内容，教师以历史思维进行教学设计，学生以历史思维进行思考和学习。"授人以渔"的历史教学中，其"渔"指的是教师在教学过程中不能局限于教材和过去，应将历史学习中发现的规律、精神力量、人的行为及物的演变原因，巧妙地过渡拓展到学生的个人在成长路上遇到的烦恼与困境，让学生明白了解现阶段自身在思想和行为上出现的问题，是属于正常情况，可以有针对性地调整下一步的规划和目标。如在为大学毕业生疏导毕业季的就业压力时，可以适当引入红军长征这一历史事实，帮助大学生明白要敢于尝试和努力，方可在竞争日益激烈的今天找到出路；如大学生在成才路上遇到诸如经济困难、安逸享受等情境时，可以抗日战争时牺牲的年轻战士为例，让学生以其为榜样，克服自身困难，努力向前。学生主动把自我融入历史场景，在历史和现实的对比联系中，以历史思维指导学习、工作、生活，多思考多实践。

（二）创新学习方法，培育历史思维

高校大学生从入校后，即进行了诸如中国近代史纲要等课程的学

习，因此，要创新教学方法来培养大学生的历史思维。首先高校可以通过学校开设的思政类或历史类课程，向学生明确教授"历史思维"的含义，也可以通过打造校园文化环境如在走廊、宣传栏等张贴包含历史思维类的名言警句或史实。历史思维培养的基础离不开学生对基本历史史实的掌握，高校应保证历史类课程的设置、学生考核、成绩认定等各个环节，从而有效地保证历史教学的有效性。另外还要结合青年学生的兴趣点，积极利用诸如短视频、微信、微博等平台，发布相关的蕴含历史思维的内容。

（三）敢于把握历史可能，增强历史思辨能力

历史研究主要依靠史料的记载和历史遗迹的佐证，通过对历史人物或历史事件存在时代背景、人物个性、制度政策、家族关系等因素的分析，从而发现影响历史走向的动机。我们在分析研究历史中的各类事件，一是分析正面或成功的历史人物或历史动态，发现是哪些因素导致其结果的出现；二是分析历史教训或负面历史结果中，假设减少某种因素或条件，会不会出现另一种结果。同时，可以对中国古代史作纵向的比较分析，还可以对中国史和世界史上同时期作横向对比，思考同一时期历史人物或历史事件的走向为何会不同。在推论历史发生可能性过程中，可以增强自身的历史思辨能力。[1]

---

① 吴怀琪. 民族历史思维的时代价值 [J]. 河北学刊，2010 (1)：54—60.

第五章 以学生为主体的
历史课程学习及学习评价

第一节 高校学生历史课程学习的心理特点

学生对历史学习的过程，是接受历史信息的过程，也是对历史进行理解和解释，进而形成对历史的认识的过程。在这一过程中，无论是历史知识的掌握和积累，还是学科学习能力的发展，以及在情感、态度和价值观上的养成，都是伴随着学生的心理活动的。这就是说，学生进行历史学习时的心理活动有着其特有的规律及特点。所以，对历史教育和教学进行研究，需要了解和把握学生学习历史的心理过程和心理特点。

一、学生历史学习的心理过程

从理论上讲，历史学习的过程与一般的学习过程是一样的，但实际上，由于历史学科的学习内容和学习方式有着自身的特点，因而学生学习历史时的心理过程有其特殊性。如果我们把历史课程的学习过程进行整体考察的话，就可以看得出，学生在学习历史时的心理活动包括以下几个主要的阶段。

（一）前认知阶段

在上大学前，学生已经学习过历史课程，对历史也有了比较系统的认识。这与学习其他学科之前的状况有所不同。学生的这种对历史的"前认知"，对大学历史课程的学习既可能有促进作用，也可能成为干扰因素。因此，学校历史教学的起点，而是要在学生原有的认知结构上重新建构对历史的认识。

（二）信息接受阶段

在进入历史学习时，有一个知觉学习的阶段，即通过历史教师的讲述、阅读文字教材、观看图像或影视材料、参观关于历史方面的活动等，学生开始接收大量的历史信息。这时的接收信息方式，主要是通过听觉和视觉，把承载历史信息的言语符号同化或顺应于自己的认知结构中。若按照行为主义心理学的观点讲，就是通过言语符号的刺激，引起学习者相应的反应，进而形成联结性转换。历史学习的展开，必然要经过这样一个信息接收的阶段，这与其他课程的学习相比尤为必要。

（三）思维阶段

言语符号所承载的历史信息，其内在的意义是传递历史学习的内容。学生在接收这些信息后，为了认识所学的历史内容，就要进入到思维阶段，对历史信息进行加工和处理。可以大致把思维阶段分为形象思维和抽象思维两个层次。首先是在头脑中把言语符号转换为具体的信息，组合成历史的表象，这就是历史的形象思维。这个过程在一定程度上受前两个阶段的影响，这就是说，如果学生的"前认知"基础较好，信息接收也较通畅，则形成历史表象就会较为顺利。在形成历史表象的基础上，学生进而开展进一步的认识活动，运用概念推理对历史学习内容进行抽象的思维。这时虽然又是运用言语符号，但已是学生内化了概念，是对学习内容本质的认识。抽象思维的运作，与学生的认知水平有直接关系，又在很大程度上受到教学环境的影响。

（四）结构重建阶段

经过思维阶段，学生对历史学习内容有了较为清楚的和深刻的认识，这样就会打破其原有认知结构的平衡，重新建立对历史的认知结构，从而使学生对历史的认识逐渐系统化。这一阶段是把信息的接收和加工的成果同化于自己的认知结构中，删除原有结构中的错误和偏差之处，调整和完善与历史学习相关的知识和认识，形成新的认知结构。当然，认知结构的重建是一个渐进的过程，有着明显的阶段性，但对于学生的历史学习和历史认识来说，这又是非常重要的阶段。可以说历史教学的主要目标，就是使学生建构对历史的认识，形成他们心目中的历史，而结构重建就是达到这一目标的体现之一。

（五）迁移阶段

这里说的迁移，是指学习的正迁移，即将学得的知识、技能、方法等运用于新的学习情境中，自觉地影响后来的学习。历史学习所获得的基础知识，以及历史思维的方法、历史探究的途径、历史认识的态度和角度等，都不是静态的或凝固的，而是对后来的历史学习和历史认识有着直接影响的。例如，具体的历史知识虽然有着"一过性"的特点，即在特定的时空条件下一次性出现后不再重现，但可以作为背景知识，为以后的学习提供条件。迁移的过程，也是一定程度上知识运用的过程，这对历史知识的真正掌握来说是十分重要的。而且，历史学习的迁移，不仅有利于学习的继续，而且有利于学习的巩固和创新。

了解学生历史学习的心理过程，实际上是为了更好地把握历史学习过程学生心理活动的主要特点，以便采取相应的教学策略指导学生的历史学习。

二、学生历史学习的心理特点

学生学习历史的心理特点，与学生的年龄、心理特征有必然的关系，也与学习历史课程的特殊性有直接的关系。换言之，学生进行历史学习的心理特点，是学生的年龄特征、心理特征和历史学习的具体特点结合在一起的集中表现。概括地讲，历史学习的心理特点表现在以下一些方面。

（一）动机的特点

学习动机是推动学生进行学习的动因，具体可分为近景性动机与远景性动机、外因性动机与内因性动机、辅助性动机与主导性动机、间接性动机与直接性动机等。学生学习历史的动机是各种各样的，一般说来，义务教育阶段的学生学习历史的动机往往比较单一，就是为了开阔视野，为了听故事。因此，教学活动可以采取一些有效强化的原则维持学生的学习动机，例如，用奖励和惩罚的办法督促学生学习，借助外因性动机维持学生的学习动机；高中学生在学习历史时的近景性动机要多于远景性动机，教学活动本身对他们的直接推动作用较大；而大学生学习历史的远景性动机不断加强，多把学习历史与认识过去、认识社会、认识人生的意义逐渐相连。作为历史教师，应该关注学生的各种学习动机，因为任何类型的动机都对历史学习有推动的作用，只不过是作用的大小和持续时间的长短。教师应有意识地创设各种条件，激发学生的学习动机，鼓励学生积极学习，帮助他们正确认识学习历史的意义，运用多种的教学方法和开展多样的教学活动，及时进行反馈与评估，使学生的历史学习动机处于活跃的状态。

（二）兴趣的特点

兴趣是从事某种活动的心理倾向，带有强烈的情绪色彩。学习兴趣是学习需要的表现形式，所谓求知欲、好奇心、爱好等都是兴趣的体现。学习兴趣又可分为直接兴趣与间接兴趣。在历史学习上，学生的直接兴趣更明显一些，尤其是小学生，对于分散在社会课中的历史学习，主要就是听教师讲生动的历史故事，而大学的学生，对丰富多彩的历史教学内容也同样容易产生兴趣。教师和教材的因素对他们的学习兴趣有较大的影响，如果教师把历史讲得生动具体，教材编写内容丰富有趣，学生就很容易喜欢上历史课。此外，大学生对历史事件和人物的评价表现出更多的兴趣，这与他们的思维活动及特点有一定的关系。历史教师在教学中，要特别注重学生学习兴趣的培养，明确历史学习活动的目的及意义，发掘教学内容的特点，创设问题情境，加强师生交流，以激发和保持学生学习历史的兴趣。

（三）感知的特点

对学习内容和学习活动的感知，涉及学习时的注意、观察、感受等心理活动，又与想象、联想等形象思维活动有一定的关系。感知是认识活动的先导，是对学习内容的直接反应。在历史学习时，学生感知水平的高低，是与学习内容和教学方式有直接关系的。大学生的注意力、观察力等要比以前更集中、更全面，感知历史的自觉性要更高一些，对事物本质的认识需求往往超过对事物表面现象的认识需求，能够发现历史事物的本质以及历史事件的因果关系。但大学生在历史学习时受学习动机和学习兴趣的影响，也可能出现感知上的淡漠状态，这与其学习的心理倾向有关系。教师要善于运用各种教学方法和手段，尤其是要加强教学的直观性，强化学生学习历史时的感觉和知觉，引导学生对历史现象和历史本质进行观察与思考，促使他们对历史进行感受和体验。

（四）记忆的特点

一切学习都包括有记忆的成分，学习中的记忆是对知识进行回忆、再认、重组的心理活动，这对知识的保持和学习的继续有着重要的意义。记忆可分为有意记忆与无意记忆、机械记忆与理解记忆、短时记忆与长时记忆等。历史学习的内容对于记忆来说，既有有利的一面，又有不利的一面：生动的人物和事件，会留下较为深刻的印象，有助于记忆；但众多的历史概念，要全都记下来确实就不容易了，尤其是历史上同类的概念很容易混淆。一般地说，学生的有意记忆、理解记忆是逐渐增强的，这是有利于历史学习的。在初学历史时，学生对学习内容的兴趣较大，记忆起来不觉得有太大的负担。但随着学习的深入，所学的具体知识越来越多，学习中记忆的成分也逐渐加大，学生就会越来越感到困难，容易产生记忆时的模糊性，甚至对历史学习产生厌倦情绪。所以，记忆能力的提高只能通过改善学习方法来实现。要使学生学习历史时的有意记忆、理解记忆和长时记忆不断加强，教师要在讲好课的基础上，突出教学重点，有目的地帮助学生掌握记忆的方法，并把需要记忆的内容进行合理的分解，以减轻学生在单元时间内的记忆负担，尤其是要指导学生从知识结构的整体上来对知识记忆进行建构和联系；并要及时复习，在复习时进行变式复习，而不是简单的机械重复。

（五）思维的特点

历史学习是对历史的认识活动，也是对历史进行思考的过程，这一过程学生的思维活动是最关键的。一般是把思维分为形象思维与抽象思维（也称逻辑思维），形象思维包括联想、想象等心理活动，抽象思维包括分析与综合、抽象与概括、归纳与演绎、比较与分类、系统化与具体化等心理活动。大学生的抽象思维能力在大学阶段逐渐加强，但形象思维仍是比较活跃的。他们更偏重于对历史问题的理性思考，对分析问题和解决问题的探究活动更感兴趣，其思维的独立性、批判性和创造性有显著的发展。但大学生也会产生思维定式，在分析具体的历史问题时容易出现负迁移的情况，也容易出现思维的片面性和表面性。在历史学习中，分析、综合、比较、概括等思维操作活动是比较多的，这些活动对认识历史来说也是非常重要的，因此教师在教学中要非常重视学生历史思维能力的培养，根据学生的年龄特征和心理特征，有意识地进行思维训练，尽可能提供有效的思维材料，启发学生进行思考，开展研究性的学习，并把形象思维与抽象思维的活动有机地结合起来，鼓励学生在思维活动中的创造性。

（六）态度的特点

态度是影响个体行为选择的内部状态，既有认知成分，又有情感成分。学习态度是学习时的情绪、情感、心境的集中表现，也是对学习目的、学习内容、学习结果等的认识状况，又与意志、性格等非智力因素有着紧密的关系。大学生的历史学习态度较以前的学习阶段越来越趋于稳定，情绪和情感理智性增强，有一定的自我控制力和调节力。学生的学习态度，与教师的作用和班集体的状况有很大的关系。教师在培养学生的学习态度上，应注意全体学生和个体学生的具体情况，把历史学习与认识社会、认识人生的意义结合起来，珍惜学生在学习上的正当需求，注意营造良好的学习环境和氛围，并及时地、有针对性地对学生的学习态度进行调适。

学生历史学习时的心理特点，表现在很多方面。以上只是笼统地就一些主要方面进行一般性的论述。对学生历史学习心理活动的规律、特点的研究，是历史教育学研究的一个热点问题，也是一个前沿性的问题，要在历史学习心理的研究上有真正的进展，需要进行大量的实际调查和实验研究，需要我们进行更大的努力。

三、影响学生学习历史的因素

学生的历史学习，不仅涉及知识、能力、技能、情感、态度、思想等方面的发展，也关系到人文素养的提升，这一过程并不是简单的，而是非常复杂的。影响学生学习历史的因素很多，概括说来，可以分成内部因素和外部因素两个方面。

（一）内部因素

影响学生学习历史的内部因素，主要是学生个人的因素，即学生个人在历史学习时的心理特征，包括智力因素和非智力因素。虽然说个人的先天遗传因素对学习有一定的影响，但学生的学习倾向、学习态度、学习方法等因素有着更为直接的、关键的影响。在影响历史学习的内部因素中，学习兴趣和学习方法是最主要的。凡是学习都有一定的难度，但对于学习者来说，若是对学习有浓厚的兴趣，再难的学习内容也是愿意去掌握的；反之，若是对学习没有兴趣，再容易的内容学起来也会感到困难。而学习方法是否得当，直接关系到学习的速度、结果，也关系到学习时的心理适应性，没有掌握恰当的学习方法，肯定会影响学习效率的。还需要指出的是，影响学习历史的内部因素，每个学生的具体情况不同，教师要有针对性地加以了解，不能一概而论。

（二）外部因素

影响学生学习历史的外部因素，也包括很多方面，如社会因素、家庭因素、学校因素、班级因素、教师因素、教材因素等，这些因素都可以对学生的历史学习产生影响。例如，社会环境和风气、社区文化等对学生学习历史的价值取向会有影响；家长的教育、爱好等对学生的学习也起着耳濡目染的作用；学校和班级的学习风气、管理水平等直接影响学生的学习等。从教学的角度上讲，教师因素和教材因素是影响历史学习效率的最主要的因素。教师在教育、教学和专业上的水平，对学生学习的影响是最为直接的，尤其是在历史教学中。由于历史课程的特点，历史教师在教学中的主导作用是非常大的，可以说历史教学的目标、教学的内容、教学的进度、教学的方式、教学的评估等，在很大程度上取决于历史教师的工作态度、水平和经验。而历史教材是呈现历史学习的具体内容的，其范围、广度、深度、难度，以及编排、组织和呈现方式等，也涉及历史学习的质和量，构成学生的学习对象，成为教学关系上的核心因素之一，即教师、学生、教材这三者之一。

总之，影响学生学习历史的因素是多方面的，但归纳起来还是"学"与"教"的问题。

既然影响学生历史学习的问题也就是学与教的问题，那么，历史教学就不是只强调学生的学习，或只强调教师的教授，而是要从教与学的统一上探寻出路。

换言之，只有充分发挥教师在教学中的主导作用和充分体现学生在教学中的主体地位，才能有效地推进教学的发展。首先，教师和学生都应该明确历史教学的目的和意义，把学习历史、认识历史看作是学生全面发展、个性发展和终身发展不可或缺的基本素养之一；对于提高学生的整体素质和人文精神有着重要的作用。其次，在教学的过程中，要有意识地培养学生正确的学习态度，不断提高学习兴趣，运用有效的学习策略，掌握科学的学习方法，养成良好的学习习惯，合理安排学习的时间。最后，要特别注意教学中师生之间、学生之间的合作与交流，及时进行教学反馈和指导帮助，随时解决学生学习上出现的障碍和困难。

第二节　高校学生历史课程学习的基本策略

所谓学习策略是指在学习的情境和活动中，学习者对学习目标的认识、对学习规则的掌握、对学习过程的调控、对学习方法的运用等。在教学实际中，运用学习策略和掌握学习方法，可以更好地发挥学生学习的自觉性和自主性，使学生减轻和克服学习上的困难，提高学习的质量；同时也可以促进教师改进教学，提高教学的水平。而学习策略和学习方法是与学科教学的具体情况紧密相连的，因此，历史教育学的研究，必须注重探讨历史学习策略与历史学习方法的问题。

一、历史学习的基本策略

历史学习是一种具有本学科特殊性的认识活动。学生的历史学习，既不同于专业史学家对历史的研究活动，也不同于普通成人对历史的了解活动，又与学生学习其他学科知识的认识活动有所不同。基于学科的特点，历史学习策略更侧重于对本学科的学习目的、学习内容、学习方法的调控。下面，就对基本的历史学习策略做简要的论述。

（一）认识历史学科功能的策略

学生要达到"会学"的水平，取决于"爱学"的程度，学习自己感兴趣的事物或自愿进行的事情，就会进展迅速，保持率也高。在学习过程中，学习者的自我参与程度很重要，而自我参与程度与对学习本身的认识有直接的关系。对于历史学习，学生最初是因为可以知道很多的历史人物和历史故事，因而抱有直接的兴趣。要真正达到"爱学"历史的程度，就要对历史学习的意义有所认识。如果学生认识到历史与现实有着联系，历史就在自己的身边，自己也是生活在历史中，历史可以告诉自己很多的事情，学史会使自己更加明智，更能全面地、客观地看人和看社会等，那么，历史学习对他们来说就是有价值、有意义的事情。在认识历史学科功能的问题上，重要的是与学生个人的全面发展、人文素养提高联系起来。这种联系，又往往是从历史学习内容中发掘出来的。正确认识历史学科的功能和历史学习的作用，是学好历史的动力。

（二）了解历史知识特点的策略

历史学习的内容涉及古今中外的人和事，看上去包罗万象、纷繁复杂。要掌握历史学习的内容，就要对历史知识的特点有所认识。历史知识的特点，不仅是指历史知识具有过去性、具体性、综合性、思想性等特质，而且是指历史知识结构的特殊性，如历史知识是由具体知识和理论知识构成的，时间、地点和人物是构成具体历史知识的基本要素，重要的历史人物、历史事件、历史现象和历史发展的主要线索构成了历史的基础知识，历史概念和历史规律的掌握是形成理论知识的基础等。历史知识还具有联系性的特点，如经济、文化等领域之间的联系；在某一领域的纵向发展中的联系；古与今的联系；中与外的联系；原因与结果的联系；表面现象与内在因素的联系，历史知识系统纵横的联系等。了解历史知识的特点和历史知识结构，是学好历史的手段。

（三）掌握历史学习方法的策略

历史学习从一定意义上讲，是一种有意义的接受学习和探究学习的结合，既需要记诵，又需要思考。要适应历史学习的要求，就需要有意识地掌握有效的学习方法，运用正确的学习方式。具体的历史学习方法是多种多样的，重要的是善于根据自己的学习情况采用适合的方法。这就需要在学习过程中对学习方法进行学习，包括模仿、练习以至创造，并不断进行摸索、总结和交流，以形成具有自我特色的学习方法。历史学习的方法，大都是围绕着对历史信息的吸纳、辨析和运用的。在学习方式上，要了解和熟悉自主学习、合作学习、探究学习等方式，使自己能够适应这些学习方式，从而积极地参与到学习活动中去。还要能够在班级学习、小组学习及个人学习的环境中提高运用学习方法的技能。掌握历史学习的方法和适应历史学习的方式，是学好历史的途径。

（四）提高历史认识水平的策略

历史学习不仅是对历史知识的掌握，而且是对历史意识、历史思维的培养与发展，是形成正确的世界观、人生观、价值观的过程。学习历史的意义也在于更好地认识历史、认识社会、认识人生。从一定意义上讲，历史认识是基于社会认识上的个人认识，这种认识离不开个人的感受和体会，否则就会是机械的和空洞的。历史学习更重要的是提高历史认识的水平，通过学习历史，有意识地运用正确的理论为指导，经过具体问题的具体分析，积累认识历史的经验，学会全面、辩证、客观、发展、联系地看待社会历史的进程，学会分析并解决与历史有关的问题。提高历史认识水平，是学好历史的关键。

（五）沟通相关社会知识的策略

历史知识与其他的人文社会科学知识有着紧密的关联，历史认识也是一种社会认识，学习历史必然要涉及很多社会方面的知识。从知识性质上讲，历史知识是具有很强的吸纳性、包容性和贯通性。同时，掌握相关的社会科学知识，对学习和研究历史来说又是非常重要的。所以，在历史学习中，要注意与其他社会知识的联系与沟通，注意运用其他社会知识于历史学习之中。沟通相关社会科学的知识，是学好历史的助手。

此外，如历史课堂学习的策略、课外学习的策略、有计划地安排学习进度的策略以及运用各种学习方法的策略等，对于历史学习都是有意义的。

二、高校历史教学中学生自主学习能力的培养

高校历史教学具有多方面的社会功能，包括科研能力培养、师资教育、爱国主义教育、素质教育等多方面的内容，但不论哪方面，对学生自主学习能力的培养都不可或缺。

因此，在高校的历史教学改革中，应紧密围绕课堂教学与课外实践这两个方面，在观念与方法上作出系统化的调整，以期实现对大学生自主学习能力的培养。

（一）课堂教学

第一，在课堂教学的授课内容方面，现有教材基本以事件为主的叙述模式应予以合理的变通。

在相关授课内容上应该有意识地向长期的历史局势方面做更大的倾斜：如人口增长、物价变动、生产经营模式的基本特征和区域差异运行中的观念与实践等方面的内容应更加突出。这样，不仅要将相关历史内容在时段上上溯至明清甚至唐宋变革期，同时更要将之作为分析具体事件的一种解释模式，甚至可以将之与当代现实联系起来。读史贵在通，通则阅世达观，而从研究能力的培养来看，只有先明确相关历史解释模式的基本逻辑之后，在自己阅读史料的过程中才能自然地激发出寻找例外，估量其价值，进而试图重新加以解释的兴趣。

第二，在课程设置上，应将专业基础课与选修课的功能进一步区分。专业基础课重在通识的养成，着重于历史脉络和重大史实的梳理，应由经验丰富的资深教师担任。选修课应以培养学生研究能力为主要目标，使学生对相关学术史脉络有一个详尽的了解，加强培养阅读史料、发现问题的能力，通过各领域的"专"使学生初步明确自身的研究兴趣。

第三，应将史料教学放在重要的位置，只有通过对第一手材料的解读与比较，才能让学生对历史场景中活动的人与观念获得更直接的体验。

其基本做法的步骤有展现证据与推论之间的关系，例如，某段材料可以得出什么样的结论这样的设问方式，就是一个最基本的训练；对不同的甚至针锋相对的材料加以比较，并讨论应该得出什么样的结论更妥当，相关的问题意识必然得到凸显；将材料按照时间、空间等各种标准进行分类，看能得出多少种结论，并逐一分析比较。学生要有效做到这一点，必须在课前做大量的相关阅读，同时比较与分类这些基本的阐释能力也会得到潜移默化的培养。

第四，课堂教学中多种手段应交相为用，综合运用黑板、投影、电视教学和网络教学等手段，以实物和影像使学生获得直观的感受。

网络资源正成为历史课程教学改革中的重要组成部分。它具有交流的交互性、信息含量高、活动空间虚拟等几个特征。其所包含的展示模式非常多元，可以是纯文本，也可以是图像、音频、视频等。这对于补充历史教科书的不足，丰富历史教学内容会起到积极的作用。在学习活动中参与的感官越多，教学过程就会进行得越顺利，效果就越好①。图像与影像的设计应尽可能指向脉络梳理的关键时点，体现出对历史情境的重现，营造一种时代氛围，而不应成为板书的补充。

历史教材中的某些内容比较抽象复杂，时空交错，难以用语言表达清楚。运用多媒体创造出一种逼真的情境，调动学生各种感官共同作用，再结合讲解，就可以把抽象的说理转变成对历史情境的再体验，提高教学效果。

所谓情境教学，是指在教学过程中有目的地引入或创设以形象为主体的、具有一定情绪色彩的、具体活动的、能够提供学习资源的场景，以此为支撑启动教学，使学生产生智力和情感的需要和体验，从而帮助学生建构知识意义，并使学生心理机能得到发展的一种教学方式。当学生面对无法用现有知识予以合理解释的情境时，会产生探寻新知识的兴趣，这对于培养学生的问题意识至关重要。

如在总结鸦片战争中国失败的原因时，单纯罗列中国落后的表现是不够的，应从战争本身的基本构成要素出发，充分利用已有研究成果，从军队数量、武器装备、机动能力、官兵素质、外交模式等多个方面，结合每一次战役，利用各种展示模式，呈现出具体的历史情境，才能使学生对双方的基本态势有一个较客观的把握。

（二）课外实践

大学生自主学习能力的培养主要靠课外的自主学习和实践。课堂讲授主要是为课外阅读和考察提供路径，但相关的指导同样不可或缺。

1. 课外自主阅读是学生综合能力培养的主要途径之一

与课堂讲授的集体行为不同，阅读是一种个体化的行为，它是一个

---

① 汤其领. 试论历史教学中运用多媒体手段的课堂效应 [J]. 徐州教育学院学报，2006（1）：75—76.

自我发现的过程，教育的内化过程在此最终成为现实。在这里，趣味、逻辑思维、语言组织等能力将得到潜移默化的形塑，教师的指导就显得更加关键。除了书目的选择，更重要的是对读书笔记撰写的指导。

读书笔记不是对相关知识的罗列，而是对主题观念的自我理解和概括，它包括以下几个程序。

（1）用自己的话概括中心论点。

（2）在中心论点下，用几段话总结次要论点，并说明论点间的关系。

（3）对其说服力和应用作出估量。

通过这样长期阅读的积累，再辅之以定期的读书报告会，会使学生能够在一种师生交流私人阅读体会的氛围中获得自主学习能力的提升，这是单向的语言灌输所无法做到的，而交流只有在试图共享同一种阅读体验，比较彼此的差异时才能真正激发学生的自主创造性。

2. 应将教学与研究有机结合

在教学中应加强对前沿问题的关注，就重大问题的研究进展情况和逻辑取向向学生做深入浅出的介绍。另一方面，让学生更多地参与到教师的研究当中，使学生对历史研究的基本过程和操作规范有一个直观的认识。

3. 应加强实践活动比重，将田野考察与知识传授融为一体

历史研究是对历史时期发生的人的实践活动的研究。因此对于历史的教学亦应在实践上朝着多样化的方向发展，20 世纪 90 年代以来，西方人类学重新进入中国学界的视野，历史研究走向田野成为学者的共识，同时也在课堂和书斋之外为历史教学开辟了第二个课堂。所谓田野考察是与书斋式的研究相对的概念，强调将文献阅读与对历史发生现场的调查感悟相结合。它注重对民间文献的搜集，包括家谱、账本、日记、契约等地方文书的广泛搜集。同时强调在田野解读文献，不仅要了解文献的内容，同时要对文献得以产生的历史现场获得感性的认知。不

仅知道文献说了什么,还要知道文献为什么这样表达,从而激发出学生独立思考的兴趣①。

教师应以所在地域的文化特色为依托,在中国史的日常教学中带领学生走访周边聚落、历史遗迹,阅读碑刻、档案等一手资料,观察传统手工艺的操作流程,围绕某一主题,定期对特定聚落进行全方位的观察和资料搜集。处于现代化城镇化转变中的中国农村,不仅是现实考察的绝佳场所,也是让学生理解时代变迁的沃土,应将之作为短期实习和实践的常规项目,以开阔学生的视野,在对现实的观照中寻找历史研究的主题。在借鉴人类学田野民族志考察基本模式的基础上,历史学的田野考察主要分以下几个步骤。

(1)准备阶段。确定考察地域,可以是一个村庄,也可以是某条街巷。对相关成果和文献进行充分的搜集,尽可能了解所在地域的历史发展内容。在这一过程中找出感兴趣的主题,确定调查的基本目标。

(2)实地考察。根据研究主题的细分,采取小组分工,分头实地调查的办法。调查以询问为主,要做好笔记与录音。

(3)整理分析调查结果,并和最初预想的主题架构进行比较,不断调整自己的认识,逐渐认识到更有价值的问题所在。最终根据已掌握的文献材料与调查结果,得出综合性的、符合客观实际的结论。

英国历史学家卡尔曾说过,历史是历史学家跟他的事实之间相互作用的连续不断的过程,是现在跟过去之间的永无止境的回答交流。这种交流在田野考察中体现得最为明显。书斋式的阅读与田野考察是两种不同的学习方式,前者重理论思维,但往往囿于自身观念的局限;后者重在主观参与,但仍然必须理性的加工,二者交相为用,才能从理论与实践上重构历史事实的本来面目。

高校历史教育的重要任务之一是塑造具有创造性的研究主体,在功利主义的时代风尚中,这样的任务固然面临着社会认同的尴尬,而研究

---

① 黄国信. 走向田野:历史学本科教学改革的一个尝试 [J]. 历史教学,2014(6):68—71.

对象本身的难度恐怕也是制约教育水平的一个因素。与社会学一样，历史学是一门试图从整体上把握人类活动的学问，与前者更倾向于静态的结构分析不同，历史学更侧重于对结构变化过程的把握，历史不能离开事件、人物、制度，但应服从于"通"的目标，围绕揭示特征和演变线索两大主题有重点地展开，力求体现其前后叠进间的异同，突出阶段性的标志。[①] 它要求将这种把握落实在历史情境中实际活动着的人的行为之中，将对行为的理解与对社会结构的动态把握恰当地结合起来，通过经验研究、检验进而修正原有理论模式。因此，它对于研究者的要求涉及理论与实践全方位的能力培养，只有通过各种方式，才能使自主学习能力在教师讲授与阅读体验、考察实践中交相作用，逐步实现创新能力的培养。

第三节　历史课程学习评价

激励性的评价保护了学生的自尊心和自信心，体现了对学生的尊重与爱护，关注了学生个体的处境与需要，有效地激励学生不断成长进步。

历史课程学习评价是在教学评价的基础上，将关注点缩小到学生的"学"。作为一名历史教师，需要了解在什么时候、用什么方法对学生的历史学习进行评价，以及如何应用这些评价结果，促进学生的历史学习和全面发展。

一、学习评价的功能

学习评价是以学习目标为依据，运用观察、反思、调查、测验等方法，来收集学习过程及学习结果等方面的客观资料，并进行相应的处理，进而对学习效果做出鉴定和价值判断，对学习目标进行反思和修订

---

① 王家范. 中国历史通论 [M]. 北京：生活·读书·新知三联书店，2012：12.

的活动。学习评价可以运用科学的手段和方式，在系统地、科学地收集、整理、处理和分析学生学习的相关信息基础上，对学生学习的发展和变化等做出科学判断。在学习过程中，学习评价贯穿始终，具有以下几种功能。

（一）导向功能

学习评价是评价者在分析学习者原有知识基础和认知能力的基础上，以学习目标为导向进行的一种价值判断活动，用于评判学习者学习目标的达成程度。评价的依据是评价者或专家学者等制定的一套标准化的指标体系，如测试试卷等。学习者为追求好的评价结果，就会致力于按照评价指标的要求进行学习，这个过程也是逐步达成学习目标的过程。正是从这个意义上来说，评价指标和标准为被评价者指明了努力的方向，指引学习者一步步接近学习目标，不断完善自己的学习。

（二）诊断功能

学习评价既要关注学生的学习结果，也要关注学习过程。通过在学习结束时对学习者的知识掌握情况进行测量，可以判断出学习者在多大程度上实现了学习目标，据此对学生进行评定。值得一提的是，学习评价的最终目的是促进学习，因此，还应注重对学习者进行形成性评价，通过搜集整理学习者在学习过程中的表现情况，进一步帮助学习者诊断出成绩不良的原因以及学习过程中可能存在的问题，明确今后的努力方向。

（三）调控功能

学习评价是以学习目标为导向进行设计的，各项评价指标可以帮助学习者对自己的学习过程进行监控和调节，约束学习行为不偏离本来的学习方向。学习者根据评价结果与评价标准之间的差距，及时调控自己的学习过程，选择学习策略和方法，寻求学习指导和支持，增强学习的自觉性，从而有意识地使自己的学习行为指向学习目标的达成。

（四）激励功能

学习评价结果作为一种反馈形式，可以起到某种心理暗示的作用。较高的学习评价能够给学习者带来心理上的满足，让学生对学习产生更多的胜任感和自我效能感，进一步激发学习者的学习动机，增加学习投入。较低的学习评价则能够让学习者意识到自己的不足，反思学习过程，查漏补缺，激发学习斗志。

（五）教学功能

学习评价本身也是一种教学活动，进行学习评价最常见的一种形式是测试题，借助测试题将学习评价内隐的教学信息外显化，测试题目水平的高低直接影响着学习者知识再加工的程度。学习者在对测试题目考查的知识点进行理解分析的基础上，选择性地从自己的认知结构中提取所需知识，用于解决新情境中的问题，实现知识的迁移应用。学习者通过学习评价，既可以检验对知识的掌握情况，又可以完成对知识的复习巩固。

由此可见，学习评价影响整个学习过程，在不同的学习阶段发挥着不同的作用。科学的学习评价制度能够为学生提供明确的目标和努力的方向；有助于评价学生的发展进步，从而对教与学的活动开展发挥适时的控制、调节和促进等作用。还能够为学生的学习进步和全面发展创造必要的空间，诱发学生的学习动机和自主发展的动力。当代教育越来越关注"以人为本"，关注学习者的全面发展和终身学习能力的培养。因此，如何突破瓶颈，对学习者的学习投入（包括认知投入、行为投入、情感投入）进行全面、全方位的评价，是亟待解决的问题。

二、学习评价相关研究概览

（一）SOLO 学业水平分类方法

学生学业水平分类方法（Structure of the Observed Learning Outcome，SOLO），译为"可观察的学习结果的结构"，是由著名的心理学家比格斯和他的同事科林斯在 1982 年出版的著作《学习质量的评价：SOLO 分类法》一书中最先提出的。20 世纪 70 年代，比格斯和科利斯以小学、中学和大学的数百名学生为样本，对学生在历史、数学、写作、阅读、地理和外语（以后又扩展到化学、经济学）等学科领域里的学习情况进行了系统的实证研究，发现了一个相似的由低级到高级的反应结构。由此，结合前人的相关研究，比格斯最终提出了独具特色的 SOLO 分类理论。它是一种基于问题解决的等级描述式的评价方法，其基本理念是学生的总体认知结构是不能检测的，而学生在回答某个问题时所表现出来的思维结构是可以检测的。

SOLO 将学习者对于一个具体问题的反应水平分为 5 个层次：前结构（Prestructural）、单点结构（Unistructural）、多点结构（Multistructral）、关联结构（Relational）和抽象拓展（Extended Abstract），SOLO 的 5 个层次结构的复杂性逐级上升，前一个较低层次的结构会成为下一个较高层次结构的构建基础。

可见，SOLO 分类理论既是一个点、线、面到立体的系统评价方式，也是一个由简单到复杂的认知过程。其中，单点结构水平和多点结构水平主要表征学生学习的数量特征；关联结构水平和拓展抽象水平则侧重于表征学生学习的结构即质量特征。也就是说，运用 SOLO 分类理论进行学习评价不仅关注学生学到了什么这一学习结果，还关注学生是如何学习、学习的程度以及理解的水平等。

与其他教学目标分类方法相比，SOLO 具有三个重要特征：一是可用于开放性问题；二是量的评测与质的考查相结合；三是目标表述简单清晰，便于师生识读。这三个特征同时也是 SOLO 用于学习评价的优势。值得一提的是，在使用 SOLO 进行学习评价时，应注意以下两点。

首先，与当前学业评价中普遍使用的常模参照评价方式不同，SOLO 作为一种以等级描述为特征的质性评价方法，是对学习者的学习结果进行标准参照的评价，即更多地关注学习者完成预定学习目标的程度。

其次，在 SOLO 分类理论的五个反应层次中，作为最高层次的拓展抽象结构具有认知与情感的双重内涵：能够达到该反应层次的学生具有较高的认知水平；而具有较高认知水平的学生一定是采用深层次学习方式的学生，他们对学习本身具有强烈的兴趣和情感，尽管从时效性上看，这种情感可能不是稳定或持久的。

SOLO 分类理论鼓励学习者对问题结构形成整体把握和对问题进行深层探究。它向被评价者传达了这样一个信息：如果没有对问题结构的良好把握，学习再多的知识也不可能获得好的评价结果。这就向人们展示了一种新的学习质量观：高质量的学习就是采用深层次学习方式的学习。

（二）PISA 国际学生评估项目

国际学生评估项目 PISA（Program for International Student Assessment），是最著名的等级水平评价方法之一。它是由经济合作与发展组织策划进行的一项大型、国际性学生学习质量比较研究项目，旨在对各参与国家和地区处在基础教育分流关键期的 15 岁在校生的知识和技能的获得情况进行国际比较，比较的内容包括学生认知发展水平（含阅读，数学，科学等领域）和背景因素影响等方面，考查学生在阅读、数学和科学方面所具备的应用知识、技能和解决问题的能力。PISA 的兴起源于发达国家对基础教育质量的反思，它是一项以改善教育政策为导向的跨国测试研究，通过对各国学生进行评价，比较各国的基础教育政策，发现各国教育问题，介绍各国成功经验，从而推进各国基础教育的改革与发展。因此，它的运行模式最大限度地实现了国际化，集中了本领域世界最知名的专家，直接得到了各参与国家和地区政府的大力支持，以确保试验设计、实施和分析研究的科学性。

PISA 立足于现代教育测量理论，着眼于把测验数据构建成客观等距量尺，使其性质更接近于物理测量，从而增强了结果的科学性和可靠性。能力是 PISA 中的关键词语，旨在评估学生知识、技能方面的深度。PISA 测试的任务是从不同程度上将学习者领悟、掌握知识的水平量化、标准化和外显化。目前 PISA 在解决问题能力、阅读素养、科学素养和数学素养这四个领域上均有标准化的量规，其中每个领域的测试框架都包含"定义与特征""内容维度""认知能力维度"和"情境维度"四个维度，每个量规又划分为不同等级水平。解决问题能力水平是指综合运用所学知识，解决生活中真实问题的能力，是深度学习的重要特征，需要收集六个方面的信息：理解问题的能力、识别问题的特征、呈现问题、解决问题、反思解决办法和交流解决问题的办法。

PISA 评价的目的在于实现四个教育教学目标的测量：学习成果的质量；学习成果的等价性和学习机会的均等性；教育过程的有效性和效率；以及教育对社会经济的影响。测试方式包括认知测验和问卷调查。就认知测验而言，PISA 的试题难度不像传统测试的弹性量尺那样随受试人群样本的能力不同而变化，试题题目经过语言学、教育测量学、伦理和文化学等很多领域的学者反复翻译、测试、统计分析完成，从而确保了各种测验版本的一致性。因此，各参与国家与地区一致认同 PISA 客观等距量尺测量出的学生素养基本情况指标、环境背景指标及发展趋势指标。凭借高品质保障的取样、测试管理机制和最新的数据后期分析使 PISA 跨国和跨年度的比较具有高度的有效性和可信性。PISA 除测量和比较学生认知因素的发展水平之外，还通过专门的问卷调查收集学生和学校的背景信息，针对社会和教育热点问题，面向学校状况、教师教学、家庭环境和政府投入等影响学生表现和学业质量的诸多因素，找出影响学业质量的重要因子，提出政策和改进建议。

总之，PISA 利用现代教育测量理论，使用高质量的评价工具、严格的抽样、周密的数据收集机制和先进的数据分析方法，在保证时间短、样本量小、试题量大、覆盖面广、成本低、误差小、减轻学生负担、减少考试焦虑的同时，给予学生发展水平高效度、高信度的评价，确保了评价的科学性，拓宽了评价的内容与形式，使教育评价更具实用价值。

SOLO 分类思想、PISA 等级划分都在不同程度上与知识内容、认知操作以及情境媒体相融合。尽管知识都是与学科相关的，但获得知识、加工知识、构建知识体系解决问题的能力是可以使用通用的评价体系进行测量的。

（三）学习目标的层次

浅层学习的认知水平较低，定位在低级认知技能的获得，参与初阶的思维活动；与之对应，深度学习拥有高级的认知水平，定位在高级认知技能的获得，参与高阶思维活动。根据布卢姆对认知领域学习目标的分类，分为"知道、领会、应用、分析、综合及评价"这六个层次，其中，浅层学习的认知水平只停留在"知道、领会"这两个层次，主要是对知识的简单描述、记忆或复制；而深度学习不只涉及记忆，更注重对知识的深度理解和应用。深度学习的实现离不开高阶思维，高阶思维是深度学习的必要条件与核心特征，一方面高阶思维能力的发展有助于促进和实现深度学习，另一方面深度学习又有助于提高元认知策略并促进思维水平的发展。

值得注意的是，不仅是认知领域的目标，辛普森关于心智运动技能目标与克拉斯伍关于情感态度目标的层次理论也同样有助于建构深度学习的评价模式。

（四）迁移的水平

桑代克提出一项假设，先前学习与后续学习之间的迁移取决于两个学习事件之间要素的匹配度。而这里提到的要素，也就是布鲁姆提出的认知技能、心智运动技能与情感。王小明定义的迁移是先前的学习或问题解决对当前学习或问题解决的影响。根据这种影响的不同，可以对不同水平的迁移进行分类，其中最具代表性的是依据先前学习内容或学习情境与当前知识联结或问题解决的相似度将迁移划分为近迁移和远迁移。

近迁移是指在与先前知识非常类似的情境下发生的迁移行为。问题解决过程中使用的知识形态与知识获取时呈现的状态非常类似或接近，就称之为近迁移。新授的学科要素与迁移情境中的新活动相一致，可以使学习任务向高度相似的任务迁移，这也是近迁移。当原有知识与当前问题之间存在较大差异或联结关系距离较远，例如，在学习植物进化论之后，能够解释人类的进化和发展，由于植物与人类之间存在明显差异，迁移的跨度较远，是学校科目情境向非学校科目情境的迁移，因此形成远迁移。从共同要素说的角度看，当前后两个事件中要素的匹配程度越低，甚至超越了初始学习情境和要素的范围时，迁移的难度越大，与此同时，迁移的程度越大，人类的主观能动性会体现得更有价值。

迈耶的观点也支持以迁移作为学习评价模式的核心，"多媒体学习重要的、重大的意义是能够使学到的知识迁移，可以把它用到新的环境里，解决新问题"。将迁移理论引入深度学习的评价研究前，需要辨析三个问题。

第一，目前研究难以确定迁移实验中的测量工具本身究竟是近迁移还是远迁移，也就是说，近迁移与远迁移的界限很难界定。任务情境之间重叠的程度是判断"远近"的方法，可以界定初始情境指的就是原始情境，当两个原始情境综合作用时就成为远迁移，然而这种类型的远迁移对于学习者来说并不是非常困难的，不符合已有研究中对远迁移难度的描述，因此近迁移与远迁移的界限需要明晰。

第二，近迁移和远迁移的讨论、一般性迁移和特殊性迁移的讨论，两组讨论很容易混淆。特殊迁移是一个类似于原任务的新问题的解决，是在特定情境下发生的迁移。Barnett 和 Ceci 认为迁移的"一般性——特殊性"实质上是技能的"一般性——特殊性"。在深度学习的迁移评价中，仅仅考虑技能的变化是远远不够的，应更多地考虑抽象的层次与上位的维度，例如，认知结构的变化、思维的变化、认知策略的变化等，可以借鉴 SOLO 水平层次的架构思路。

第三，迁移测量通常需要考虑记忆的水平，但是在认知目标分类理论中记忆与迁移之间存在较大间隔、较远的距离，因此将理解作为深度学习的基础会更加准确。

三、学习评价的本质和目的

从本质上讲，学习评价是一种价值判断的活动，是对学习者学习活动及其成果的现实价值和潜在价值作出判断的过程。

价值判断与事实判断既有联系又有区别。事实判断只是对事物的现状、属性与规律的客观描述，而价值判断则是在事实判断的基础上，根据评价的目的、目标、标准、需要和期望对客观事实的状态、前景和价值作出判断。这种判断必然受到评价者价值观的制约，其显著特点是客观性与主观性的统一。

学习评价是通过诊断学习者学习过程、状态和成果所获得的信息，向学、教、管三方提供必要的反馈信息，以促进学、教、管活动不断改革和完善。因此，评价本身不是终结，不是目的，而是实现目标的手段。不是为了评价而评价，学习评价的根本目的是扎扎实实地改善学、教、管的质量和过程。

四、学习评价的基本原则

所谓原则，就是依据活动目的、任务、性质、规律、特点等因素而制定的指导活动的基本准则，具有明确的指向性和严格的规定性。作为原则，应该简明、概括，具有权威性。学习评价的原则应具有这样的属性。具体说来，应至少有以下几条。

（一）客观性原则

学习评价的标准、方法、过程和结果，都要切合实际。高等教育课程学习评价，要切合高等教育课程教育教学的实际，不能主观臆断或掺杂个人情感因素。

（二）整体性原则

学习评价要对构成学习活动的诸方面及其整体，作出整体评价，既要评价学习过程，又要评价学习结果；既要重视评价学习目标、学习内容，又要评价学习方式、学习方法；既要评价所获知识、技能，又要评价综合能力；既要评价能力发展，又要评价基本素质的养成。总之，不能顾此失彼，要看学生的整体发展。

（三）全面性原则

学习评价既要注重技能与知识，又要重视能力和素质的评定；既要重视智能发展，注重智力因素发展，更要注重智力和非智力因素的协调发展。这是因为较强的就业能力和创业能力，不仅是一种智能特征，更是一种人格特征和一种精神状态。

（四）导向性原则

学习评价不是为了评价而评价，而是要评价与指导相结合，既要使评价对象知其长短优缺，又要为其发展指明方向，增加动力。

（五）主体性原则

在评价过程中，应充分发挥评价对象的主体作用。尤其在真实性评估中，应使评价对象（学生）事先了解并积极参与评价的全过程。

（六）可行性原则

该原则主要表现在评价"可测、可操作及简易"上。评价标准、评价方案、评价程序和方法等，都要贯彻可行性原则。

五、学习评价的分类

学习评价是一种极为复杂的活动过程，可以从多个角度进行分类。

（一）选拔性评价与教育性评价

从评价的直接目的来看，学习评价可划分为选拔性评价与教育性评价。

1. 选拔性评价

选拔性评价是指为了满足社会选拔人才的需要而进行的学习评价。通过这种评价选拔出合乎要求的学生，淘汰不合乎要求的学生。例如，各类学习竞赛（如数学建模、电子技能、广告设计等竞赛）的层层选拔赛制度，就属于选拔性评价。

2. 教育性评价

教育性评价是直接为了改进教师的教学与学生的学习而进行的一种具有鲜明教育性质的评价。它是教育中一个不可分割的组成部分。教育性评价具有两个本质特征：第一，评价是为了教学而精心设计的，用以向学生揭示什么是有价值的工作（向学生安排真实性任务），因此它是公开的；第二，评价应该向所有学生及教师提供有意义的反馈，而且也能真实地评价学生和教师对反馈的使用程度。当前学习评价发展的一个重要趋势是强调真实性评估，而真实性评估一般是以教育性的居多。

（二）诊断性评价、形成性评价和终结性评价

从评价在教育活动中开展的时间和功能来看，可将学习评价划分为诊断性评价、形成性评价和终结性评价三类。

1. 诊断性评价

诊断性评价，是为了使教育教学适合学生的需要和背景，对学生是否具备进入新的学习所需要的基础性知识、技能和其他素质所作的评判，通常包括对学生的知识技能基础、各种优点、特殊兴趣、才能、禀赋和问题等的识别。通过诊断性评价，可以对学生的当前状况进行较全面的判断，据此可以对学生进行适当的安置，对教育资源进行合理的配置，并设计适合于特定学生的教与学的具体方案。

2. 形成性评价

形成性评价是指为了及时地改进教与学活动，在教与学过程之中，随时了解学习的进展情况和存在的问题，经常性地对学习进行评判，从而为改进学与教的进程与方法提供及时的反馈信息和指导方案，以达到在学与教的过程中及时改进学习的目的。

3. 终结性评价

终结性评价也称总结性评价。它是在一个阶段的学习结束之后，为了解学生的学习情况并对学生的学业进行评定，而对学生的学习进行的一种总结性的、相对全面的、综合性的评判。通过终结性评价，可以对学生在某一门课程或某一个领域的学习作出最终的评判。毕业考试、一门课程结束后的结课考试和学分认定等，都是典型的终结性评价。期中考试尤其是期末考试一般也有一定的终结性评价性质。

（三）相对评价、绝对评价与个体内差异评价

从评价的基准来看，学习评价可划分为以下三类评价。

1. 相对评价

相对评价是在一个评价对象集合（团体）内，将某个个体与其他个体进行比较，确定各个个体在团体内的相对位置并进而确定个体在总体中的相对位置的评价。

2. 绝对评价

绝对评价是以预先设定的学习目标为基准，对评价对象实际达到目标的程度所作的评价，也就是将作为评价对象的各个个体与预定的目标（亦即外在的基准）进行比较，确定他们达到目标的程度。

3. 个体内差异评价

个体内差异评价是对一个个体内部的差异进行比较的评价。包括纵向比较和横向比较两类。纵向比较是将个体的现在与过去进行比较，例如，某个学生的某门课程第一次测验成绩为 70 分，第二次测验成绩为 90 分，说明成绩上升了，学习状态有明显变化；横向比较是将个体的不同侧面进行比较，例如，将一个学生同一学期不同课程的学习活动与成绩相比较，就可以发现该生在不同方面的优势与劣势。个体内差异评价的优点主要是不易造成心理负担，便于发现个体的优点和进步情况。

（四）质性评价与量化评价

从学习评价的方法论范式来看，可以将学习评价划分为质性评价与量化评价。

1. 质性评价

质性评价是在自然的情境中，对学习者的学习进行的整体性的、非量化的评价。它有较悠久的历史，近年来愈加受到广泛重视，并发展到新的高度，以新的形态出现。与量化评价相比，质性评价的基本特点有以下四个方面。

（1）自然性，评价往往是在自然的、真实的情境中进行。

（2）整体性，对学习的各个方面作完整的、全面的评价。

（3）深入性，能深入地分析和评判学生的行为表现背后深层的意义和价值。

（4）非量化，即它不是以量化的形式来开展，评价结论也不是以数量的形式来表示的。

目前，质性评价应用比较广泛，例如，深入分析评判学生的某篇研究论文、某件文学作品、某件科技制作产品，实地考察学生在活动中的表现等，都往往以质性评价的范式进行。

2. 量化评价

量化评价即以数量化的方法进行的评价，它是对评价对象的某些方面的学习成果进行测量，进行数量化的分析和推论，然后进行价值判断的方法。量化评价的流行是在20世纪早期，其直接原因是科学主义的广泛影响。从那时开始的较长时期，量化评价受到人们广泛的青睐，近年来，虽然受到多方面的冲击，但仍然是学习评价中的一种重要类型。标准化测验是一种典型的量化评价，日常的许多考试也有较多采取量化评价的。

第六章 课程思政视角下的高校历史课程教学的思考与探索

第一节 课程思政概述

一、课程思政的概念及意义

（一）课程思政的概念

结合课程思政的政策来源依据与政策社会需求、时代背景，应运用马克思主义理论和方法，紧扣高校立德树人根本任务，紧密结合立德树人的培养目标，在确立这一根本性的、方向性的重要前提后，得出课程思政在新时代的特定、本质内涵。

可以将课程思政的概念界定为：高校为了落实立德树人根本任务，以实现培养社会主义建设者和接班人的根本目标，在对学生传授学科专业知识的同时，广泛开展以拥护中国共产党的领导为核心的政治认同教育，为学生建构一个与思想政治理论课同向同行的课程环境。

课程思政是一种综合的教育观念，它以构建全员、全课程、全过程的学生教育为模式，以各种课程和思想政治理论课程相结合的形式，把立德树人作为教育的根本任务，形成协同作用。和思政课程相比，课程思政的外延及内涵都得到了极大的拓展。思政课程主要就是思政课任课教师通过思政基本理论课程的讲授，树立学生正确的世界观、人生观、价值观。课程思政的外延不仅包括思政课教师，还包括高校其他教师、管理人员、相关工作人员，在其他课程授课甚至管理工作、日常工作中，都要结合自身的工作发挥教书育人的作用。从内涵上看，课程思政内容非常丰富。教育的手段上，要从课堂走入生活，从传统教学走向现代化教学，不断丰富教学的方式和手段。

（二）课程思政的意义

1. 顺应了中国特色社会主义新时代发展的需求

在当前社会多元化发展的大背景下，对全面发展的综合性人才、高质量人才需求不断增长，这使得思想政治教育的主渠道、主阵地地位再次被凸显。提出课程思政教育理念，注重培养学生德智体美劳全面发展，为当今社会发展培养综合性发展的高质量人才，这是实现高等教育"内涵式"发展的需要。

2. 对教师的思想政治水平提出新要求

通过对课程思政内涵的科学界定，即强调课程教学中应贯穿的政治认同教育功能，我们就必须始终坚持教师"教书与育人"双重职能的有机结合。也就不仅仅是要求广大教师要把课上好、把书教好，更要体现知识传授与知识运用方向的统一。教师要在履行和维护师德师风的前提下，通过政治理论学习和课程思政实施培训，做到对党的领导、政治道路与政治体制真学、真懂、真信，从而身体力行、潜移默化地影响学生，实现课程思政的"思政"隐性教育，真正做到"润物无声"。这一过程同时也是高校教师通过不断学习和教学运用，实现自身政治素养和育人能力提升的动态发展过程。

3. 重新定义教学位置

积极推动课程思政理论，对于调整师生双方的教学方向、能力发展方向有着极为重要的作用。在以"德育教育"为核心的教学理念下，课程思政理论要求教师尊重学生的主观能动性，通过外界环境、教学资源、学生意识三者的有机配合，重新定义当前的教学活动。在开放性较强的教学引导工作中，教师能够发挥自身的引导优势，并根据教学内容加强教学活动的基础作用，挖掘教学活动的育人功能，发挥育人的综合效应。在思政课程理念的引导下，教师必须对德育教育、技能教育、理论教育三大板块都投入足够的关注，进而实现理论与技能的有效衔接。通过课程思政理论，学生与教师作为相互联系而又彼此独立的群体参与到教学活动当中，其对于教育教学活动的积极影响更为明显。

4. 教学经验的整合优化

学生与教师可独立发挥自身的管理职能与探究职能：教师在既得的教学体系中搜寻可用的教学经验，与当前的教学知识形成对照，从而为学生提供新的学习方法，对旧知识进行重新梳理，利用新的教学方法解决学习难题；学生可根据已掌握的知识重新调整当前的课程学习结构，对相关教学知识做出积极回应。依靠教学经验的有机配合，学生与教师可在历史教学活动中建立更为积极的联动。

二、课程思政的理论基础

（一）系统性理论

我国系统思想有着悠久的历史，主要反映在朴素自然观里，如对万物本原的认识、自然系统的认识等，都是为了解决自然现象、社会现象而出现的。

人的思想品德结构是一个系统，只有当主体内在因素与客体因素在实践基础上相互作用、相互协调，才有可能使其达到理想的状态。那么在开展课程思政教学工作时，教育者就要使教育对象在其身心素质发展的基础上，借助教育内容、方法、载体等各种客体因素，包括环境因素，使它们朝着思想政治教育的根本目的和立德树人根本任务同向作用，让教育对象的思想品德达到社会要求。课程思政教学也是一个系统，要使它发挥最大的作用，就要充分考虑所有影响课程思政教学效果的因素：教育者、受教育者、教育介体，教育环境等。而这正是"三全育人"——全员、全过程、全方位育人所依据的理论所在。"全员育人"是前提和基础，要形成统一育人意识，凝聚育人力量，共同承担育人职责；"全过程育人"是必要依托，使全员重视和利用思想政治工作、育人对象身心发展的每个阶段、每个环节，以落实立德树人的根本任务；"全方位育人"是拓展保障，要让全员既要重视和利用思想政治工作、育人对象身心发展的所有阶段和环节，又要重视和利用整体之外的每个阶段和环节来协同落实立德树人的根本任务。只有这样，才能真正使课程思政实际工作达到预期效果。

（二）"以学生为中心"的理论

杜威（Dewey）的"儿童中心论"是"以学生为中心"教育理念的来源。杜威主张我们要站在儿童的立场上，尊重儿童的兴趣与需要，不压抑儿童的天性和个性发展，将儿童视为学校生活中的起点、中心、目的[①]。它的出现为"以学生为中心"的教育理念的发展奠定了重要基础。通过观察研究世界各国的教育教学发展过程可以发现，"以学生为中心"的教育教学理念在国际上产生了重要影响，多个国家都在该理念的指导下进行了一系列的理论和实践探索并取得一系列成绩。英国在其各个阶段的教育中都提倡要贯彻该理念，除了在各个学段的课堂教学中提倡该理念，英国还在教学评估中将其作为一个重要的原则来指导相关工作的开展。

（三）协同理论

协同理论产生于 20 世纪 60 年代，由德国物理学家哈肯提出，最初属于物理学范畴，其核心观点是"协同导致有序"[②]。具体是指在系统当中每一个子系统与子系统之间要建立紧密的协同联系，推动系统内部由无序向有序转变，在宏观层面上集中各个子系统的力量，降低内耗，从而打造出集体效应。我国将协同理论引入到社会哲学科学工作中的时间最早可以追溯至 20 世纪末期，主要是应用在德育工作之中，认为德育工作的开展过程中，要整合其他相关领域内的资源力量，进行协同合作形成合力。高等学校思想政治育人体系要求，要发挥出"课程、科研、实践、文化、网络、心理、管理、服务、资助、组织"等各个方面

---

① 唐淑. 学前教育史［M］. 北京：人民教育出版社，2018：337.
② 苗东升. 系统科学概览［M］. 北京：中国书籍出版社，2018：221

在思想政治教育领域中的价值和功能性，发动学校、学生、家庭及社会的力量，形成教育合力。因此，协同理论与高校思想政治育人体系二者之间的建构的一致性使得协同理论必然成为高校课程思政创建的重要理论支撑。

（四）布鲁姆教育目标分类理论

1956 年正式出版的《教育目标分类学第一分册：认知领域》中，布鲁姆（Bloom）专家团队将教育目标分为知识、理解、应用、分析、综合和评价 6 个层次。经过四十多年的实践，其学生安德森（Anderson）于 2001 年对该理论进行了修订，将认知领域的教育目标分为两个维度，即知识维度和认知过程维度。

（五）胡塞尔的相关理论

胡塞尔（Husserl）的"生活世界"与科学世界相对应，对"日常生活世界"进行论述，"生活世界"是可以被感知的、多彩的生活世界。思想政治教育生活化也要立足于学生的生活世界，关注学生充满无限的可能性且具有教育意义的生活世界。在教育过程中不能只把理论知识的"条条框框"教授给学生，要想使学生健康成长就必须使教育立足于生活，关注生活，充分利用生活中多种资源，促进学生的全面发展。主体间的互识和共识两个方面决定了科学世界的"客观性"。

（六）马克思主义关于人的全面发展理论

人的全面发展不仅仅是智力的发展，还包括人的体能、道德品质、自由个性、社会关系、志向与兴趣，以及各方面才能等全方位多角度的发展，重视人的发展的全面性和自主性及整体素质的提高，与高校课程思政教育理念相契合，为高校课程思政建设指明了方向。人的全面发展是国家公民整体素质的提升，是整个社会成员的共同发展。由此可以看出，课程思政的教育目标与马克思关于人的全面发展的理论在本质上是一致的，后者构成了课程思政的内在理论基础和根本价值目标。课程思政是新时期教育思想的创新，从实践上解决了高校思政课和专业课显著分离的不良状况，实现"三全育人"的新格局，为国家培养更优秀的人才。

三、课程思政与思政课程

（一）课程思政与思政课程的区别

1. 学科归属与内容要求不同

相对于思想政治理论课程来说，课程思政所涉及的学科较为广泛，内容也较为丰富，它所涉及的学科内容有自然科学、人文科学和社会科学三大领域。纵然思想政治理论课与其他各类学科课程存在内容上的交叉，但二者的学科归属是不同的。

我国高校的思想政治理论课归属于马克思主义学科范畴，学科的显性教育特点极为明显，属于显性思想教育。而课程思政的学科课程则更偏向于应用型的专业知识和专业技能的智育教育，对学生价值观的培育较思想政治教育来说则较为"隐蔽"，属于隐性思想教育。二者在学科归属上是有区别的。此外，二者在教学内容要求上也有所不同。高校思想政治理论课的教学内容与要求是由中央统一规定的，且这一课程内容是不分专业、不分年级和班级，要求每位大学生都必修的课程，需要学习并掌握其思想内容，通过这一理论课程引导学生掌握社会主义核心价值体系内容，主动关心国家、社会热点时事。而其他各类学科的教学大纲、教材内容的安排，则或多或少地与各地经济发展状况、教育发展状况，以及学校类型等因素相关联，教材选用和内容要求方面也存在一定差别，于是出现了同一门学科课程有多个教材版本。

课程思政所涉及的其他各类学科在教学大纲设计、教学内容安排与教学要求上，较思想政治教育理论课而言相对具有灵活性，在选修课方面还能多方面满足学生需求，扩大学生的选择空间和范围，二者在教学内容的安排与要求上是相区别的。

2. 课程地位与功能不同

思想政治教育在我国不同的历史时期都具有同等重要的地位和功

能。课程思政与思政教育地位的不同主要体现在：思政理论课是高校实现立德树人根本任务的重要途径之一，在高校育人工作中处于主渠道、主阵地地位；课程思政所涉及的专业课程在高校育人工作中更加关注学生的智力发展，即重视向学生传授基本的专业课程知识和技能。在育人环节中处于"一段渠""责任田"地位。

课程思政与思政课程功能的不同主要表现为：思政课程教学的功能主要是对马克思主义理论和中国共产党的创新理论的传播，是以习近平新时代中国特色社会主义思想为指引，进行铸魂育人，在传授大学生科学理论知识的同时，教育引导大学生坚定理想信念，坚定"四个自信"，引导大学生树立正确的世界观、人生观和价值观，厚植爱国情怀，培养心理健康、品德优良的社会主义接班人。而课程思政教学的主要功能，则是通过专业知识、技能的系统化教学，帮助大学生成长成才，巧妙地将爱国情、强国志、报国行等无形地融入坚持和发展中国特色社会主义事业、建设社会主义现代化强国、实现中华民族伟大复兴的奋斗职责中，其功能主要体现在树人与育才的特征要求。

（二）课程思政与思政课程的联系

1. 育人方向上同向

所谓同向，是指课程思政与思政课程的育人方向一致，二者在教书与育人的过程中，前进的道路方向与努力的目标方向是一致的。一方面，表现为指导方向的一致。思想政治理论课作为高校所有专业学生的公共必修课，是对大学生进行思想政治教育的主渠道，承担着树立高校马克思主义理论价值标杆的重要职责。其他课程则承担着不同的任务与目标，但也肩负育人的职责和使命。因而，教师在教学实践过程中，既要注重知识的有效传达，也要注重对学生思想和价值观的教育，自觉以马克思主义的基本观点、立场和方法作为实施教学的基本准则。另一方面，表现为人才培养方向的一致。二者关键都在于解决"培养什么人"

及"为谁服务"的问题，在育人方向上要根据新时代的新思想和新要求，培养社会主义新人，服务于新时代中国特色社会主义建设。坚持育人方向一致，是为了增强道路自信、理论自信、制度自信和文化自信，在坚持立德树人根本要求的基础上，实现"以文育人、以文化人"的全课程育人格局。

2. 育人道路上同行

所谓同行，是指课程思政与思政课程在同向的基础上合力培养中国特色社会主义的建设者和接班人，合力培育德智体美劳全面发展的新时代人才，在行动上保持一致。

（1）育人步调一致，即课程思政在指导方向、育人方向和育人目标上与思政课程始终保持一致，坚持德智并举。在开展通识课程时，教育者除了对专业知识的悉心教学外，还要充分利用通识教育课程中丰富的文化积淀，充分发挥其在大学生思政教育中的知识奠定和学科支撑作用。高校所有课程都承担着对大学生进行思想政治教育的职责与使命，加强教师对学生的德育教育，目的是要提高他们的思想道德素养。一些专业课程虽主要承担专业知识或技能的职责，但也承担着部分价值观引领的作用。因此，各类课程与思想政治理论课的行动步调是一致的，在实现学生全面发展目标的过程中，都坚持知识教育与价值教育相统一。

（2）坚持德业融合。一方面，思想政治理论课与其他各类课程齐驱并进，在加强思政教育的同时，要结合其他专业课程的学科文化和背景，挖掘它们本身蕴含的思想政治教育素材和资源。教师除了承担知识传授与技能培训教学任务外，也肩负着学生世界观、价值观、人生观的培育与引领的职责。因而，教师在开展日常的教育教学活动中，在确保完成基本的专业知识传授和专业技能训练的基础上，也要善于挖掘和运用学科文化背后的隐性教育资源，在阐释真理的同时提升学生道德素质、完善人格。另一方面，思想政治教育理论课的内容本身也是一种学科知识，教师在日常的课堂教学中，在进行价值引领的同时，还要强化对思想政治理论知识方面的教学，这样就能保证专业知识与价值观教育齐驱并进。

（3）目标内在统一。知识就是力量，人才就是未来。我国高等教育一直坚持"以人为本"的本质要求，倡导培育学生德智体美劳全面发展的教育理念，不管是思想政治理论课还是其他各类专业课，都要始终坚持这一人才导向。在教学目标上，专业课程和思政课一样，都是为了育人：使得受教育者接受"德、智、体、美、劳"五方面的教育和培养，以获得全面发展。思想政治教育目标既是开展思想政治教育活动的起点，又是思想政治教育活动的终点。而课程思政是对高校思政课程的拓展和深化，是高校构建"三全育人"格局的重要举措。虽然二者的学科特点与学科背景不同、担任的育人职责与功能不同，但育人问题不分轻重。因此，高校要坚持全面发展理念，培养德智体美劳全面发展的新时代人才。

3. 内容上相对独立

全面贯彻建设课程思政"三全育人"体系，我们必须认识到，课程思政与思政课程是两个独立的、不同的课程体系，它并不是要将所有的课程都变成思想政治教育课，而是在开展思政课以外的各类课程时，要注重价值观的教育引领。思想政治理论课的内容本身就是一种知识，作为一门独立的理论知识课程，在高校育人环节中占据主导地位，承担育人的主要职责；其他学科课程则是以教授学生专业知识和培养学生技能为主要职责，这并不是说它们就没有对学生进行道德教育、思想教育、价值观教育的职责。与之相反，专业学科课程在进行专业知识或技能传授与培训的同时，也具备并肩负着对学生进行德育和价值观教育引导的功能与职责。因此，我们要注意区分课程思政与思政课程，要充分认识到二者是相互联系的，但在教学内容上也是相互独立的，不能将所有课程都当作思想政治教育课，要注重主次之分；也不能在实施专业课程教学过程中只有智育层面的内容而忽视德育层面的内容。我们要正确认识到二者在教学内容上是相互独立的，是两个不同的课程体系。

4．方法上相互补充

在教学方法上，思政课程和课程思政都是通过讲授法、自主学习法及实践操作法来传授知识、内隐思想。而就课程思政来说，倡导以一种"润物无声"的教学方式，将思想政治教育内容合理地融入专业知识教学中，做到在知识传授的同时对学生进行有价值的引导，在教书的过程中有道德的培育。课程思政倡导渗透式的教学方法，力图达到"润物无声"的教学效果，二者在教学方法上既相互结合，又相互补充。

四、课程思政建设的原则

（一）主体性原则

主体性是从信息接收者的角度而言的。教学过程离不开作为知识信息传播者的教师，更离不开作为信息接收者的学生。教学过程在突出教师主导作用发挥的同时，更应该重视与尊重学生主体作用的发挥。这就要求教师引导学生积极参与教学活动，并着力做到：心中装着学生、过程依靠学生、方法教给学生、目标聚焦学生、一切为了学生。学生要善于开展自主学习、探究学习、创造性学习，有效培养自己的自主学习习惯和良好的学习迁移能力。

（二）启迪性原则

高校历史课程的任务并非单纯"拷贝式"地传播既有的理论知识，而是要启迪智慧，引领学生成长。因此，教师要在了解学生原有知识结构、认知图式、思维方式和语义解释框架的基础上，通过课堂教学模式的改革和课堂教学情境的创设，引导学生学会选择、学会学习，带着问题去思考、去发现，通过独立思考、独立感悟、自主探索，去获取新知识、新观点、新见解。教师要在有效组织、驾驭课堂的前提下，切实尊重学生的主体地位，发扬课堂教学民主，创设探究式教学情境和宽松舒畅的教学气氛，不断激发学生的学习热情与兴趣，引导学生大胆发表自己的独立见解，以获得思想和智慧启迪。

（三）课程混合元素一致性原则

思政元素在高校历史教学内容中的渗透，必须具有一定的适应性和合理性，即不同教育性质的课程元素混合，最终能在知识教育和思想教育中体现出一定的一致性。高校历史课程思政的建构应保证不同教学内容混合的契合性，并设计与之相匹配的教学活动，形成教育合力后，能培育出具有正确世界观、人生观、价值观、文化观的人才。

（四）教育目标相通性原则

思想政治教育在高校历史教学中的渗透，必须符合整体育人的要求和规则。基于不同内容设计的教学模式与育人方案，最终都是助力学生全面和个性化成长，且具备符合整个社会价值共识的道德品质和行为标准。高校历史课程思政的建构，应始终遵守教育目标相通性原则。面对学生的思想问题和学习问题，必须在教育的全过程中进行全员化的引领，帮助每一位学生个体沿着正确的道路努力和拼搏。思想政治教育和高校历史教学的联动，最终应培育出具备坚定政治立场和历史专业素养的人才。

（五）充分合规律性原则

高校历史课程思政的建构，受诸多教学要素的制约。无论是教师的教育理念和教育机制，还是学生思想和环境的变化等，都会成为这项系统性育人工程的影响要素。教育工作者需秉承合规律性原则，对高校历史课程思政进行建构，即教师需对思想政治教育工作规律、学生思想成长规律、教育对象情感认知规律等建立正确的认识，在传授历史知识和政治理论的过程中，应层次分明地开展教学活动，使学生切实成为懂分寸、三观正、品性端的人才。

（六）制度建设一体化设计原则

实现课程思政协同育人的科学化、规范化发展需要一系列完善的配套制度、政策为支撑，在此基础上才能创设良好的育人氛围，促进资源的高效整合和育人合力的最大化。课程思政建设是与高校教育教学相联系的、内在协同的、整体规划的制度模式，只有在这种灵活柔性的制度架构中才能激发课程思政教学改革的内生动力。高等教育中各类课程协同思想政治教育是包含诸多要素在内的系统性发展体系，因此，搭建互动交流平台、落实以教学实效为导向的奖励措施，以及实现教师长效可持续发展应当是课程思政制度一体化设计的重要内容。

1. 着力构建高效互补的合作制度

（1）在高校内部开展有效合作，打造优秀的课程思政管理服务平台和教学交流合作平台。高校是各职能部门高速运转的教育教学系统，它的内部结构完整、分工明确，在客观上制约了常态化有效合作机制的生成。因此，高校迫切需要最大限度地打通沟通交流渠道，深入开展教学对话交流，为实现资源整合与共享提供可能。在合作平台建设上，一方面，要联合高校各职能部门完善课程思政管理和服务体系，在学校党委的指导下集结教务处、各级团委、学生工作部门等探索跨领域、多维度的合作模式，增强课程思政协同育人的凝聚力和向心力；另一方面，集中力量创建跨学科的教学平台，在思政课教师和专业课教师双向互动交流的基础上顺利实现教学资源共享。例如，在此基础上侧重领导讲思政课制度创新，各部门、各学院领导作为课程思政建设的重要参与者和组织者应当带头上思政课，将他们在日常教学和管理中积累的思政经验呈现在讲堂上，在增强课程权威影响力的同时，提高广大师生对课程思政的重视程度，拓展课程思政的辐射范围和受众群体范围；又如不断加大集体备课制度建构力度，以马克思主义各教研室为中心，联合其他教研室对各自的教学内容、教学方法进行合理统筹，集体商讨，提出优化教学的建议，形成课程思政教学智库。

（2）开放合作视野，拓展交流范围，积极探索高校联合培养制度。这种联合培养既可以立足于区域合作，又可以将相对接近的学校类型和学校发展理念作为合作契机，实现高校间的资源共享、合作共赢。为各个学校具有较高理论水平和丰富实践教学经验的思想政治教育者和学科带头人提供交流平台，就课程思政育人目标、课程体系建设、教学设计等诸多方面开展直接有效的话语交流与思想碰撞。在此基础上，完善互访学习机制，各个高校定期组织开展校际走访交流，互访者亲身感受优质课程思政课堂，把握课堂与思政巧妙衔接的技巧；通过教学研讨的方式学习优秀课程思政教学设计和分享教学实践经验。

2. 建立课程思政育人激励机制

对于处于一定社会关系之中的现实中的人来说，其需求大体上可以分为生活需要和精神需求两大类。激励作为外界对主体的刺激，也不失为一种增强课程思政教学实效性的有效方式。对于课程思政教学主体而言，适当的物质奖励和精神奖励能使其保持良好的教学状态，在增强教学获得感的同时，激发参与课程思政教学的热情。具体奖励措施落实都是以教学效果为导向的，并且讲究物质激励和精神激励的科学使用和合理配合。为涉及课程思政的科研项目提供专项经费扶持是十分必要的，在从教育主体的现实需求状况出发，既提供一些物质上的保障，又为他们的长远发展积累专业素养和资历背景。高校奉行教书育人的价值旨趣，应以教师奖励计划为抓手，将任课教师对课程的思想政治教育资源的挖掘能力和育人实效，作为职称评定和是否给予专项支持及额度的部分依据。当然也有必要对课程思政教学表现突出的任课教师予以精神激励，赋予相关荣誉称号，使其切身感受学校对自身工作的重视度，增强精神层面的获得感。

一项教育实践活动的开展离不开教育主体和教育客体等基本要素的参与，只有通过二者的协调配合才能顺利开展教学活动。所以，激励手段的运用不能仅仅局限于教育主体的范畴，应当同时将教育客体纳入评价之列。毋庸置疑，对于课程思政教学效果评判的最终落脚点在于，通过各类课程的学习，学生思想政治素养、价值判断能力、信仰形塑能力得到提升的程度。对于教育客体，即学生而言，要侧重有助于实现可持续学习的发展性奖励，充分调动学生参与课程思政课堂互动的积极性和主动性。对此，可以加大课程思政激励制度与学生评价体系的关联度，将学生思想政治素质、道德水准、信仰坚守、行为习惯等诸多方面与评奖评优等奖励行为相挂钩，不断完善学生的课程思政奖励制度。

第二节　课程思政视角下
高校历史课程教学的价值思考

一、新时代高校思政工作视角下历史思维的作用和优势

（一）历史思维是高校学生工作的基本方法论

历史是最好的老师，是最好的教材，是最好的清醒剂，是最好的营养剂。高校学生工作方面，具体可以从"不忘本来、吸收外来、面向未来"的三个历史思维时态落实，让青年大学生正确认识中华民族的过去、现在和未来。三个历史思维时态的落实让青年做到历史文化传承与发扬，以党史文化引领精神世界成长，以国史发展脉络坚定民族自豪感，坚定文化自信，成为高校立德树人的重要抓手，推进高校思政工作发展的重要方法。

（二）历史思维是高校学生思政工作开展的基本要求

历史思维可以引导大学生用历史眼光看待历史问题，增强大学生的思想认知和辨识能力，做到知史明辨、知史爱国、知史爱党。党史、新中国史作为中华民族历史的重要组成部分，是宝贵的精神财富，是实现中华民族伟大复兴的重要力量源泉。

二、课程思政视角下高校历史课程教学发展方向

高校以课程思政为视角开展历史教学，需以立德树人理念为宗旨，

在"三位一体"思政课程体系指导下，充分落实"三全育人"要求。历史教学应在全面完整的历史框架下，为学生陈述历史事实、理清历史脉络、呈现历史规律，不断增强学生的爱国主义情怀，帮助学生坚定"四个自信"和理想信念，并使学生在科学思维认知导向下掌握认识世界、改造世界的能力，从而为社会主义建设贡献力量。

（一）以厚植爱国主义情怀为目标

爱国主义虽在不同时代具有不同的内涵与外延，但始终是维系中华民族团结向前的不竭动力，所以厚植爱国主义情怀既是高校思政教育的重点之一，也是高校历史教学的重要目标。高校历史教学不能只停留在陈述历史、讲解知识的阶段，而是要通过时间线索将历史事件与重要人物完整串联起来，教师需引导学生以基本史实为具体切入点，分析总结不同时期中华民族的斗争重点，帮助学生了解不同时期国家发展的背景与状况，使学生在各个历史阶段背景下体察爱国主义的具体内涵，使爱国主义厚植于广大学生内心深处。特别在新的历史发展时期，高校与教师要在历史教学中强调国家富强与民族振兴的伟大意义，引导学生通过学习历史、思考历史逐步培养国际视野和科学思维，引导学生主动关注时代变化与社会建设、关心国家发展与民族进步、关怀社会百态与国计民生，使学生在家国情怀下肩负起属于自己的历史责任，为建设社会主义贡献力量。

（二）以培育学生理想信念为职责

我国高校是扎根中国、立足新时代的中国特色社会主义大学，必须坚持以马克思主义为指导，坚持党的领导，全面贯彻党的教育方针，需时刻明确培养什么人、怎样培养人、为谁培养人的重要问题。所以，高校教育应坚定不移地推进立德树人工程，历史教学也要立足时代的发展与需求，以培育和坚定大学生理想信念为职责。理想信念是支撑个体不断进取的精神支柱，是引领个体积极发展的重要航标，也是帮助个体成就事业的不竭动力。青年学子只有树立崇高理想并为之不断奋斗，才能真正找到人生归宿、实现人生价值。高校历史教学需从层次上帮助学生理清生活理想、职业理想、道德理想之间的区别与联系，从主体上帮助学生正确认识个人理想与社会理想，进而帮助学生树立正确的生活信念、科学信念以及道德信念。高校历史教学要通过历史进程和事实规律使学生认识到社会主义理想是有原理、有依据，值得我们期待且为之奋斗的。

（三）以提高学生思维认知为指向

课程思政视角下高校开展历史教学，要着重提高学生的思维能力和认知水平，使学生在历史进程及其内在规律影响下，能辨别历史是非、科学评价历史，能以辩证眼光看待历史进程和社会发展，从而激发学生的责任感与使命感，增强学生建设中国特色社会主义的自觉性与积极性。以时间为线索的历史教学，不仅仅是通过"先后顺序"向学生展示历史进程，而是在事件、人物的总体历史背景下，使学生形成科学严密的逻辑思维。

第三节　课程思政视角下
高校历史课程教学的优化探索

为深化育人效果、突出对思政教育的支撑作用，高校历史教学应紧随时代的发展与要求，积极做好优化探索工作。具体实践中，高校可通过开设"大学历史"公共课程完善历史教学内容体系，也要依托地方历史文化资源补充教育素材，还应开发好、利用好新的教育教学手段，为增设历史教学课时、拓展思政教育空间创造良好条件。

一、开设大学历史公共课完善思政教育内容体系

开设"大学历史"公共课是具有广泛意义和现实依据的教育探索，高校应以此为切入点，帮助学生完善知识结构、优化思政教育内容。首

先，"大学历史"要与大学课程有序衔接。从内容角度来看，"大学历史"与高校历史课程重合颇多，存在重复教育的可能性，这就要求从目标与能力的角度做好二者衔接。新课标要求大学教育淡化学科能力，突出"过程与方法""情感与价值"等目标，但受到内外部环境的共同掣肘，这些高层次目标在大学课程教学中远未达到，"大学历史"就要在这些方面与大学课程实现衔接。"大学历史"要运用基本史实与历史线索，帮助大学生完善历史知识结构、建立唯物史观，使大学生在历史唯物主义的立场和思维教育下，能具备独立鲜明的个人观点，养成积极正确的价值观念，形成科学务实的方法论工具。其次，"大学历史"要与《中国近代史纲要》（以下简称《纲要》）课有机互补。《纲要》课程串联起中国近现代重要历史事件，向学生集中展示了近代以来如何抵御外来入侵、争取民族独立，向学生讲述了人民选择马克思主义、拥护共产党、坚持社会主义道路的艰辛历程，有助于学生了解国史、体察国情，是一门具有极高教育价值的历史性质课程。"大学历史"需在《纲要》课基础之上，进一步补充我国近现代史中社会、文化、教育、学术等领域内容，使学生在完整的历史知识体系下加深对历史必然性的理解与体会。

二、依托地方历史文化资源补充思政教育素材

当前作为高校思想政治理论课历史教学的《纲要》课程，概括、浓缩了中国近代以来一百多年的历史，所以，高校应当依托地方历史文化资源补充思政教育素材，切实拉近学生情感距离、激发学生学习兴趣，从而实现历史教学和思政教育的总体目标。首先，教师可选择具有重大历史背景的事件、场地以及人物展开历史教学。教师可结合教学内容选择当地重要的历史人物、名人故居、历史遗迹、宗祠陵园等资源，激发学生的好奇心与求知欲。也可依托当地历史纪念馆、博物馆等文化资源，帮助学生深入了解重大历史事件的详细脉络和重要历史人物的生平成就，为学生提供近距离接触和感知历史的机会。其次，教师应在历史

教学中引入地方历史文化元素。民间生活长期积淀形成的民风民俗、饮食习惯、礼仪制度、服饰特色以及曲艺传奇，不仅构成了富有特色和个性的地方文化，而且为外界提供了不同的历史素材及解读视角，教师应注重利用这类资源帮助学生探寻历史与社会的变迁轨迹。总之，高校历史教学不应固守课堂与教材，教师要深入挖掘地方历史文化资源，以此补充思政教育素材、活化思政教育过程。

三、增设历史教学课时强化思政教育实践效果

高校当前历史教学内容局限、深度不足等问题，与教学课时明显不足紧密相关，因而提高历史教学水平、强化思政教育效果要以增设历史教学课时为着眼点。就当前《纲要》课而言，应当在现有内容框架下增加世界史与文化史内容，从而帮助大学生建立科学的历史观与世界观。课时安排应从当前的一学期扩展为两学期，即通过一学年共计70课时左右的历史教学帮助学生贯通历史知识、养成科学思维，尤其要为提高学生能力和素养目标做好时间投入保障。高校为缓解课时安排紧张与增设历史教学课时之间的矛盾，可将通识类选修课程纳入线上教学体系，由学生自由选课、自主安排学习的时间与进度，将节省的集中授课时间用于历史教学，以拓展历史教学的深度与广度，进而增强对思政教育的支撑力度。需注意的是，增设历史教学课时不能以挤压其他教育教学活动为代价，而是通过现代化手段将部分教学工作转移到学生方面，以学生自学代替集中教学，从而在缓解集中教育空间压力的同时培养学生自觉、自主学习的意识与能力。

四、创新历史教学手段拓宽思政教育培养空间

高校以历史教学突破推动思政教育发展，必须从创新教学手段与方法入手，切实提高教育教学活动的效率与质量。一方面，高校要突出学生主体作用，不断丰富教学形式。针对理论课教学内容相对固定、学生吸引力不足的问题，教师可在开课之前开展专项问卷调查，及时了解学生知识基础、掌握学生思想动向，收集整理学生关注度较高的历史问

题，从而在教学实践中以问题意识为导向，有计划、有目的地解答学生疑问、回应学生需求。教师也要通过"讨论式教学"敦促学生主动参与教学活动，以此发挥学生的主体性价值。针对某一教学专题或历史事件、人物，教师发布小组讨论的相关要求，学生依次完成资料收集、观点梳理、课堂讨论、归纳总结等任务，逐步提高学生分析问题、解决问题的能力，进而培育学生的专业水平和思想政治素养。另一方面，教师要充分利用网络媒介，持续扩大教育影响力。互联网已成为大学生学习、生活、交际、娱乐等日常活动不可分割的部分，教师除了利用校园网络教学平台发布教学材料、布置教学任务以外，还应利用微信、微博等社交通讯平台与学生展开沟通交流，通过与学生建立平等互动的师生关系增强历史教学的亲和力，以此扩大思政教育的影响力与培养空间。

总而言之，高校加强历史教学对拓展思政教育空间、深化思政教育效果具有重要意义，是课程思政视角下进一步推进立德树人工程的应有之举。高校与教师须牢牢把握高等教育的发展方向，明确历史教学的时代职责与价值追求，要在正视历史教学困境与阻碍的基础上，积极探索历史教学的优化路径，切实开发好、利用好身边资源与现代化技术，为创新历史教学和提升思政教育水平营造优质环境。

参考文献

[1]黄志强.高校历史学专业教学与实践[M].哈尔滨:黑龙江人民出版社,2019.

[2]王晓焰.高校历史学师范专业课程与教学改革[M].成都:四川大学出版社,2021.

[3]庄华峰.双一流背景下高校历史学专业教学改革与创新型人才培养研究[M].北京:中国社会科学出版社,2020.

[4]李宁.大学历史课程设计与教学实践[M].哈尔滨:北方文艺出版社,2020.

[5]王玥.史料研习活动下的问题链设计与历史教学实践[M].北京:知识产权出版社,2023.

[6]涂婷.历史教学与大学生文化自信培养研究[M].长春:吉林出版集团股份有限公司,2022.

[7]姜少梅.历史教学的思与行[M].北京:北京燕山出版社,2022.

[8]吴骏.统计概念的历史与教学研究[M].北京:科学出版社,2022.

[9]武杏杏,亢丽芳.认知与探索 历史课程与教学研究[M].北京:中国书籍出版社,2021.

[10]孙培升,赵洪芹,程慧.历史教学与思维创新[M].哈尔滨:北方文艺出版社,2022.

[11]罗永忠.历史影视资源在高校历史教学中的应用[J].山西青年,2023(9):79-81.

[12]曹雪梅.课程思政下的高校历史教学实践研究[J].新教育时代电子杂志(学生版),2023(1):148-150.

[13]吴志远.浅析高校历史教学[J].高教学刊,2017(8):89－90.

[14]王静."课程思政"视角下高校历史教学的思考与探索[J].北京城市学院学报,2021(2):78－84.

[15]张国强.我国高校历史教学改革的几点认识[J].赤峰学院学报(哲学社会科学版),2019(6):142－144.

[16]刘哲.基于批判性思维培养的高校历史教学模式探究[J].大学教育,2021(9):10－14.

[17]李涛,罗海英.红色旅游资源在高校历史教学中的运用[J].当代旅游,2021(27):94－96.

[18]饶力铭.高校历史教学中传统文化的渗透分析[J].科教导刊,2021(5):107－108,123.

[19]张静.高校历史教学在传承红色基因中培育时代新人[J].齐齐哈尔大学学报(哲学社会科学版),2023(7):149－151.

[20]郅永果.传统文化教育融入高校历史教学的思考[J].延边教育学院学报,2020(4):149－151.

[21]孙竞昊,王悦.高校历史教学中的民族与区域问题刍议[J].历史教学问题,2020(3):166－171.

[22]吴方基,冯君.大数据时代高校历史教学理念改革与实践[J].黑龙江教育(高教研究与评估),2020(1):51－53.

[23]薛雷.建构主义理论在高校历史教学中的应用研究[J].河北画报,2020(6):109－110.

[24]唐黎明.探究高校历史教学中的问题教育法[J].山西青年,2019(22):268.

[25]谷菲.高校历史教学实效性提升策略研究[J].湖北农机化,2019(11):50.

[26]孙凌晨,罗丹丹.基于全球史观在高校历史教学中的实践分析[J].科技视界,2019(11):90－91.

[27]杜洋.研究性学习与高校历史教学改革实践尝试[J].新教育时代电子杂志(教师版),2018(29):157.

[28]王丽英.互联网时代高校历史教学应注意的几个问题[J].高教学刊,2018(5):82—84.

[29]饶力铭.研究性教学模式在高校历史教学中的实践分析[J].成长,2019(8):9—10.

[30]刘静.高校历史教学中大学生创新能力培养探讨[J].山西青年,2017(17):198.

[31]韩建萍.文献研究法在高校历史教学中的运用[J].喀什大学学报,2017(6):106—109.